人际关系
必修课

李海峰　任博　刘英伟　主编

中国·武汉

图书在版编目（CIP）数据

人际关系必修课/李海峰，任博，刘英伟主编．—武汉：华中科技大学出版社，2024.3
ISBN 978-7-5772-0539-7

Ⅰ.①人… Ⅱ.①李…②任…③刘… Ⅲ.①人际关系 Ⅳ.①C912.11

中国国家版本馆CIP数据核字(2024)第013955号

人际关系必修课
Renji Guanxi Bixiuke

李海峰　任博　刘英伟　主编

策划编辑：沈　柳	
责任编辑：康　艳	
封面设计：琥珀视觉	
责任校对：李　琴	
责任监印：朱　玢	
出版发行：华中科技大学出版社（中国·武汉）	电话：(027)81321913
武汉市东湖新技术开发区华工科技园	邮编：430223
录　　排：武汉蓝色匠心图文设计有限公司	
印　　刷：湖北新华印务有限公司	
开　　本：880mm×1230mm　1/32	
印　　张：9	
字　　数：251千字	
版　　次：2024年3月第1版第1次印刷	
定　　价：55.00元	

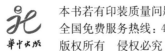

本书若有印装质量问题，请向出版社营销中心调换
全国免费服务热线：400-6679-118　　竭诚为您服务
版权所有　侵权必究

PREFACE

序言　李海峰

这本《人际关系必修课》，它不是以常规的大纲式结构把一门课程转化成书，而是集合了人际关系必修课线下工作坊的 5 位教研团队导师和 35 位认证导师写的对人际关系的理解。

世事洞明皆学问，人情练达即文章。

这本书取名"人际关系必修课"，其实是想强调，对于每个人来说，无论你是在广义上的社会大学修习，还是在狭义的课堂里进行线上、线下版权课程的学习，"人际关系"是必修的一门课程。

基于对 DISC 的深入学习和推广，在 4000 多位 DISC 授权讲师的支持下，我 2019 年在喜马拉雅平台推出"21 天人际关系训练营"，5 天我们的销售额就超过 1000 万元，并且成为喜马拉雅 123 知识狂欢节畅销榜第一名。

央广网评价："李海峰的成功，实际上代表着一种新的趋势——内容付费未来的阵地在互联网上。"

我很幸运，我们的训练营收到了无数的好评。同时，我也面临着一个挑战，在万人训练营中，尤其是在作业点评环节，我发现学员线上学习不如线下学习扎实，不少学员反馈称线上学习不如线下学习精准。不是每个人都能付费几万元学习授权讲师课程，还有很多人想要来学习，所以我们决定做人际关系必修课线下工作坊。

一方面，我们把线上课程做了升级，把每堂10分钟的语音课程变成每堂30分钟的视频课程；另一方面，我们做了线下工作坊的导师认证，我邀请我多年的搭档任博老师担任总教练和研发组负责人。任博老师和他太太刘英伟老师，也是这本书的主编。

一个人看过足够多的样本，对自己理想的生活才有想象力。

我们在书中放上了每位联合作者的二维码。如果你读完一篇文章，发现作者的想法和你非常契合，那么你可以联系他，深度交流。多和高手互动，你才更容易成为高手。

在序言的结尾，我也放上我对于DISC的思考以及对人际关系必修课工作坊的介绍，大家有兴趣可以扫码了解。

祝大家处理好人际关系，生活更加从容、幸福。

目录 CONTENTS

践行 DISC 行为风格理论，让人生更加顺风顺水 林健 1	提升人际敏感度，适应复杂世界 陈莉 7	独立思考的"不安分"之旅：做真正的自己 龚纪华 14
如何用提问的方式解决问题 韩磊 19	课堂学习体验设计，增强学员的获得感 王冬强 28	银行从业者如何进行客户维护？ 曾巧玫 34
时光知味，岁月沉香——与自己七年之约的独白 查恒懿 41	修炼人际敏感度 陈杰 48	主动过"苦日子"，只为找到更好的自己 邓旭川 54
你的可能性超出你的想象 洞洞 61	铭记初心使命，打造卓越团队，争创一流企业 韩圣竹 69	面向未来的核心竞争力 贺思洁 78
打造视频号生态，找到流量入口 黄炜铭 86	不负时光，不负青春——一个低学历女生的逆袭之路 家红 91	银行厅堂服务人员如何提升业绩？ 李亚 99

用专业服务构建我在保险服务赛道的"护城河" 李耀 *106*	宝妈的社群成长之路 凌冰心 *114*	管理者如何高效地识人、用人？ 刘宸君 *119*
品鉴生命的美好 罗爱香 *125*	不善社交，能做好风险规划师吗？ 彭晓庆 *133*	因为淋过雨，所以想给你撑伞 如涓 *139*
中年职场人如何让人生更顺利？ 沈燕 *146*	经历过创业的风浪，我找到了真正的自己 舒吕先 *151*	让自己成为一束光，点亮自己，也温暖别人 孙琳 *158*
将文化工作进行到底 唐甜 *167*	用健康和热爱过好这一生 团团 *173*	唤醒沉睡的天赋，启动人生第二曲线 王峰 *182*
"我是谁"是一个选择和决定 王倩 *189*	如何通过 DISC 进行职场的有效沟通 王新宇 *196*	在四十不惑的年纪，走上自我修炼之路 吴翠峰 *204*

送给职场妈妈的 DISC 育儿陪伴法则	利用 DISC 做好亲子教育和企业培训	跟着一群人走，才不会掉队
甘运霞	严丹	颜梅
211	220	227

勇于突破，终身成长，探索人生的无限可能	DISC 助你破解青春期困局	用 1000 份不重样的早餐，治愈自己和他人
杨靖	於峰	早餐小饼
235	240	248

点亮生命，活出影响	从过去到未来：认知、资源配置、修炼	在通往财务自由的路上寻找生命的意义
詹欣圳	张凯	张桯峰
256	261	266

内心强大的信念，让我一路披荆斩棘

张以航

273

人际关系必修课

践行 DISC 行为风格理论，让人生更加顺风顺水

■ 林健

DISC＋社群联合创始人
4D 卓越团队领导力系统卓越领导力导师
团队绩效量化管理专家

我因为研习"4D卓越团队领导力"而产生了进一步研究人的行为风格的想法。2015年12月20至21日，我在杭州参加了DISC＋社群的F20期DISC双证班，从此我与DISC＋社群共同成长，我应该是目前常年活跃在该社群里年龄最大的人吧。

李海峰老师和任博老师演绎的DISC行为风格理论让我对自己的人生有了新的觉察，自己的人生之旅有了新的航向和动能。

就我个人而言，**DISC行为风格理论不仅仅是知人善任、知己解彼、人岗匹配和团队优化的工具，更是人生修炼的法宝**。

DISC行为风格理论的价值是在认识和尊重人性的基础上，调适自己，来获得你好、我好的人际关系。对大多数人来说，调整自己、适应外在环境并不容易。每个人都被自己的特质所操控。哪怕是亲人，也会因为不懂对方，而以爱的名义对待对方，其结果只会是伤人害己。

DISC行为风格理论让我认识到，要想工作和生活顺心如意，首先要让别人舒服。如何让别人舒服？满足对方的行为风格需求。这就是先人后己、先人后事，这就是调适、调整自己，适应人和事，尤其是对自己重要的人和事。

我说，DISC行为风格理论对我而言，是一种人生境界，更是一种生存方式。

人生最大的遗憾是原本可以做到，却没能实现

研习了DISC行为风格理论之后，用DISC精神去检视我的过往人生，我发现D、I特质突出的我，基本是按照本色为人处事，结果

是在非工作场合的人际关系没问题，在工作场景中的人际关系却麻烦不断。无论是在部队还是在国企中，我发现我过度地使用了D特质，追求业绩卓越，但没有兼顾工作中的人际关系，尤其是过于直率的沟通风格，让我吃亏不少。我想，如果我早点掌握DISC行为风格理论，知道过于直率的沟通风格可能带来的伤害，也许我就能够规避人际关系中的问题，我的职业生涯会更加辉煌。遗憾的是，因为我在工作中的人际敏感度不够，我的好业绩并没有给我的职业生涯增光添彩，反而是人际关系的缺憾致使我的职业生涯留下了不少遗憾。

但人生没有如果！

后来我的行为风格出现了极大的转变。为什么我的行为风格会发生如此翻天覆地的变化？

首先，这与我多年坚持学习4D卓越团队领导力和DISC有关。我会刻意发挥S特质，关注别人的感受，多些耐心，多些克制。

其次，我的岗位工作发生了重大的变化。2014年，我主动要求从公司总部调到分公司当书记。在分公司，书记是非业务主管岗位，业务主管是一位新提拔的"75后"，D特质突出。在工作中，我尽量少说、少做，展现S特质，适度包容他人。结果就是，工作中S特质突出的我和D特质突出的总经理避免了冲突。如果我还是按照以往的行为风格去开展工作，就会不可避免地与总经理产生冲突。

成年人需要掌握的首要的知识和技能就是有效管理人际关系。我们花费了无数的时间和金钱，学习各种知识和技能，却不知如何有效管理人际关系。管理人际关系也需要专门的学习和训练。

成年人需要掌握的首要的知识和技能就是有效管理人际关系。

学习 DISC 行为风格理论，快速改善人际关系

DISC 体系也好，DISC+社群也好，都是希望更多的人掌握 DISC 行为风格理论，会懂人并调适自己，让人际关系进入良性状态，从而做事更加顺利，人生更加圆满。

DISC 行为风格理论强调尊重人性的差异，主张每个人首先要通过觉察和改变自己，来改进人际互动，从而达到达人达己、修身养性的目的。

DISC 应该成为我们人生与事业的根基！就像 4D 体系的创始人查理大师所说的，4D 是拿来改变自己的，而不是改变或者管理他人的。**DISC 行为风格理论也是用来改善自己的，修炼 DISC 行为风格理论就是修炼人生。**

应用 DISC 行为风格理论，让自己成为永不失业的专业主义者

关于专业主义的定义，可以从华西医院的张恒医生的一段译者按中获得启发：

拥有专业知识，不寻求任何借口克服困难的能力，诚实和正直，勇于承担责任，在压力下自我调节且应对有道，穿着举止得体。

我是一个专业主义者，我认为专业主义是我安身立命的根本。

下面我来说说，如何用专业主义帮助我们真正学好、用好 DISC 行为风格理论。

张医生对专业主义的定义闪耀着 DISC 行为风格理论的光辉。让我们一起来解读吧：

拥有专业知识（C），不寻求任何借口克服困难的能力（D、C），诚实（S）和正直（D、I），勇于承担责任（S、D、C），在压力下自我调节且应对有道，穿着举止得体（灵活运用 DISC 的状态）。

实际上，这个定义更像是对职业化的定义，职业化除了强调专业精尖之外，还非常强调职业操守、道德。

拥有专业知识（C），是专业主义的基础，学好基础知识和技能，也只是万里长征的第一步。

一个人能否坚持做好一件事情，与是否有明确的目标紧密相关。 追求专业主义，首先要发挥 D 特质，为自己确定一个目标，目标是我们修炼"不寻求任何借口克服困难的能力"的动力与支撑。

坚定的信念支撑一个人诚实和正直，勇于承担责任，它源于 I、D、S 特质。

发挥 S 特质，坚忍修炼，不断精进自己的知识和能力，必然能顶住压力，在压力下自我调节且应对有道。

坚持用 DISC 行为风格理论指导生活和工作，在压力下自我调节且应对有道，穿着举止得体。这是一种多么潇洒的人生啊！

人际关系必修课

提升人际敏感度，适应复杂世界

■ 陈莉

DISC＋社群联合创始人
《突破式沟通》合著作者
组织健康教练

我拥有二十年专业培训经验、十年管理咨询经验。我从企业内训师、培训管理人一路成长为职业讲师和企业咨询顾问,专注为团队全方位成长赋能。

在提供培训服务时,我按照"一二三培训效率法则"推进培训项目。一指一个结果:每次培训必出结果;二指两个融合:教学工具与课程内容融合,线上线下双线融合;三指三个阶段:事前进行充分的企业负责人和学员调研,事中关注学员成长及课后工作运用,事后利用线上模式复盘巩固教学效果。

在培训过程中,我擅长运用教练式、引导式、沉浸式等多种教学手段,激发学员潜能,让学员在收获课程内容以外,提升学习能力和工作能力;独创多种教学工具,加深学员的理解,并将工具运用于工作实践中。

我主讲"MST 故事思维""教练型领导力""神奇沟通术""突破式沟通""DISC 人际关系训练营"等课程,擅长为企业定制培训内容,累计线下培训 3 万人次,学员及客户评价好,复购率高。

根据我多年的教学经验,拥有良好的人际关系,有助于为生活和工作营造良好的环境,让我们的生活和工作更顺利。**人们的人际关系管理能力有高有低,很大程度上是因为每一个人对人际关系的敏感度不一样。**

这个世界的每一个人都有自己的特点,如果我们能够清晰地感知和我们打交道的每一个人的情感和需求,我们就能用最令对方舒服的方式与其相处,从而营造良好的人际关系。

不要设定标准去评判他人

我们在和他人交往的时候,尤其是在交往的初期,常常会抓取他人的一些特点，然后去做评判，进而决定和对方的交往程度。

事实上，我们的评判来源于自己过去的认知和经验，并不一定准确，往往把特点变成了优缺点。一旦用优缺点来定义对方的行为，我们就会产生偏见。

很多年前，我在担任基层销售主管时，面试过一个员工，整个面试过程中，他的语速都很慢。我决定拒绝他，因为当时的我认为，这样慢语速的人，是没办法做好销售工作的，而且我自己是一个语速很快的人，下意识地排斥慢语速的人，觉得和这样的人交流很累。

但是，他一直很坚定地表示他想要这份工作，我决定让他尝试一下。没想到一个月以后，他就有了很优异的表现，后来还成为我们大团队的销售冠军。

当时，我反思的结果是我没能发现他的优势，后来我发现我的错误是我把他的特点定义成了缺点。

"我喜欢或厌恶什么样的人"，这样的思维模式常常会降低我们的人际关系敏感度。我们把他人的特点装进框里，然后分类，先入为主地用自己的好恶阻塞了自己和他人的交流通道。

一个人际关系敏感度高的人，会更平和地去观察他人，而不是定义他人，会去发掘他人的特点，而摒弃以优缺点来定义他人的行为的做法。

多思考、理解他人的行为

最近，我撮合我的闺蜜和一位男士，他们彼此都有好感，所以两人在一起的时候，都在展现自己最好的一面。我调侃他们，人到中年，看到所爱之人，依然如少年般热烈。

在人际交往中，我们的每一个行为都是有动机的，区别在于有的是故意为之，而有的是下意识的展现。有人展现出傲慢，也许是为了掩饰懦弱；有人展现出谦卑，恰恰是因为他内心强大。

当你和他人交往的时候，你的行为总是出于一定的动机，要么是希望对方喜欢，要么是希望对方厌恶。而行为本身一定会带给对方感受，我们可以产生感受，但如果只凭借感受来做出反应，就是人际关系敏感度低的表现。

面对他人展现的行为，我们可以先抛开感受，想想对方为什么要这么做，而这个为什么往往能帮助我们更多地了解对方，而更多的了解也有助于我们采取让对方更舒服的行为。

当然，如果我们在人际交往中一直这么思考，会非常辛苦，也不利于人际交往，而且如果判断错误，还会适得其反。

正确的做法是我们要理解他人的行为，理解他人的做法，在心里告诉自己：他一定有特殊的原因才会这么做。

准确地判断他人的行为，有利于我们提升人际关系敏感度

在商业社会中，我们在设计商业模式的时候，常常想尽办法进行标准化，因为标准化更有利于我们对商业模式的控制。

而人是非常复杂的，复杂性远远超过任何商业模式研究的对象，如果我们能对人的行为进行粗浅的标准化，我们的人际关系的提升将产生质的飞跃。

心理学对人的心理和行为不断地进行分类，DISC行为风格理论就是其中的一种方法，它能在实践中帮助我们大大提升人际关系敏

感度。

我是一个 D 型人，我结识了一个新朋友，从他的言行中，我判断他也是一个 D 型人，如果在交往中放任我们各自的特性，可能我们很快就会产生冲突。

这个时候，如果我可以调用我的 S 和 C 特质，那我们交往就会更加顺利。

DISC 行为风格理论可以做判断的标准，也是可以运用的工具。

我们都希望自己成为人际关系敏感度高、在人际交往中游刃有余的人，人际关系敏感度不是天生的，而是在长期的人际交往中培养出来的，是可以通过有意识的训练提升的。

更多的判断加更多的方法等于更好的结果。

我们都知道人的多样性和复杂性，DISC 行为风格理论也认为人的特性不是单一的。所以，面对当下的阶段对方呈现的特性，我们要有不同的方法去面对和处理，坚信凡事必有四种解决方案。我们在实践中要不断地训练自己解决问题的能力，找到更多的解决方案，在其中挑选最优的解决方案（至少是当时觉得最优的解决方案）。反复训练，慢慢地就会更快地做出决策，获得更优的决策。

不要担心解决方案不好，重点是方案多不多。只要方案够多，一定能找到最优解。

长期坚持加复盘，能提高人际交往能力

有读者说喜欢做自己，不想去迎合他人，也不想强颜欢笑。这种观点看似很酷，也非常有个性，实则是对自我修炼的放弃。

人际关系敏感度不是天生的,而是在长期的人际交往中培养出来的,是可以通过有意识的训练提升的。

运用技巧去解决人际关系问题,并不是做违心的事,委屈自己,迎合他人。我们一样可以做自己,让自己的内心更充盈,心态更平和,整个人更自信,面对这个世界时更加游刃有余。

这就是一个修炼的过程。长期复盘,巩固做得好的,修正做得不好的。"长期"的重点就是着眼于未来的成果,而不是眼下的得失,未来我们一定能自信地与人交往,成为别人羡慕的人际交往高手。

突破标签的束缚

每一个做过 DISC 测评的人,都会被告诫:这不是标签,这只是这个阶段你的行为倾向而已,千万不要用这个结论来束缚你。

但实际上,做过 DISC 测评的人,很多时候都会用测评结果来束缚自己,使自己的行为合理化。在对人际关系缺乏敏感度的时候,会把 DISC 的测评结果当作借口,告诉自己我就是这样的人,没办法。

这种做法其实很可怕,它会让我们原谅自己一切不合理的行为,从而拒绝改变,抗拒成长。

撕掉标签只有一个方法,就是快速地成长,接受新的知识,认识新的朋友,用新的方法解决问题。当自我成长的速度足够快的时候,我们就会发现,我们可以用更多的形容词来描述自己,我们可以更灵活地面对人际关系中的各种问题,可以更有力量地面对世界。

祝愿我们都可以成为坚定、平和而有力量的人。

人际关系必修课

独立思考的"不安分"之旅：做真正的自己

■ 龚纪华

DISC＋社群联合创始人
金融理财规划师、专业教练
轩岚哚家品牌主理人

学习 DISC 行为风格理论时，海峰老师说：凡事必有四种解决方案。我的经历证明，人生不必拘泥于一条路。我向来"不安分"，从医学生到 HR 高管，再到金融公司创始人、知识 IP，多次转换赛道。我想和你分享这一段充满勇气的成长经历。

从医学生到知识 IP：多次转换赛道

我出生于一个普通的工人家庭，父母都是四线城市的工人。从医学院毕业后，我来到东莞，进入了全国最顶尖的私立医院。

在这个城市，我邂逅了一个改变我命运的女人——我太太。

当时我的规划是在东莞好好生活，走传统的成功道路：好学历、稳定工作、幸福婚姻。于是我报考了法学专业的研究生，成功考入中国政法大学。这是我第一次尝试转换赛道，不同的领域，全新的开始。

然而，生活总是充满了变数。29 岁时，我第一次买房，而且一次性买了 2 套。没想到，我太太突然调到了深圳，我经过深思熟虑，决定放下在东莞的一切，陪伴她在深圳开始全新的生活。

在深圳，我体验了城中村高昂的房租，也开始领悟到投资的真正价值。租房一年之后，我们被房东告知要一次性涨租 20%，我愤愤不平地走遍了整个小区，下决心要找到性价比更合适的房子，然而结果令我失望，好像所有的房东都商量好了，整个小区的出租房居然都是一样的出租价格。这次经历给我上了一课，让我知道单纯停留在自己的专业领域里是远远不够的。

那时，我是一家医学类上市公司的全国项目总监、HR 负责人。我见证了公司的成长，也成为 HR 高管。然而，高管的生活并非想象人生不必拘泥于一条路。

中的那样，我必须不断学习，提升认知和技能，才能应对激烈的竞争环境。

新冠肺炎疫情带来了巨大的改变，我看到了危机，面对职场之路，我陷入了深思：

如何才能把生活的主动权拿回手上，不再在职场受委屈？
如何才能让自己变得富有，实现财务自由？

我渴望实现财务自由、时间自由、心灵自由，决定寻找一条更有意义的道路，于是在 2022 年离开了职场。

我加入了房产理财和投资社群，学习如何理财，并成为一家金融公司的合伙人。借助 HR 经验和理财知识，我开始帮助他人成长，并解决他人的难题。

坚守初心，发掘内在潜能：创立成长社

在多次的职业转换后，我逐渐意识到自己的教练天赋，借助多年的 HR 经验和理财知识，创立了乐此不疲成长社。**我认为找到内心的真正想法，才能在追求中走得更远。**

2022 年，我曾经请教海峰老师，他说在这个个体崛起的时代，我们至少要有 2 种思维：

不要仅仅依靠平台生存，一定要靠自己的能力生存，要保证自己有多项选择的能力；

要么活成个人品牌，要么加入圈子，一定要有抱团的思维。

所以我不断地优化定位，与粉丝建立了紧密的联系，也收获了不小的成果。

6年来，我通过社群和线下分享：

影响超过5000个小伙伴学习时间管理，优化目标管理和落地能力，帮助他们找到通往时间自由的路径；

带领超过100个家庭安全理财、合理配置资产；

影响超过600个小伙伴践行教练式生活，通过天赋使命探索，帮助他们找到更好的人生赛道。

在我看来，我过往的"不安分"其实都是突破自我的表现。我没有停留在一个领域，而是敢于去尝试、去探索、去改变。我的经历证明拥有多重身份是可能的，相信你也能在成长的道路上追寻真实的自己。我的经历说明，不论我们身处何种境遇，都可以从自己和他人的故事中获得启发；无论是追求多元的知识，还是追求职场跃迁，我们都可以用不懈的努力和勇敢的行动，追逐自己的梦想。只有做真实的自己，不断深度学习，我们才能在这个多变的世界中获得真正的成长与满足。

我的"不安分"的背后其实是一段寻找真正自我的旅程。我乐此不疲的原因只有一个，那就是我坚信每一次转变都是在不断探索人生的使命和意义，每一次跨越都让我更加接近真正的自己。坚持挑战和探索，让我不断进步，让我的人生变得更有意义。

每个人都有自己不同的道路，成长并没有捷径，成长的道路也不是唯一的。 相信自己，积极探索，就能迎来无限可能。让我们怀揣勇气，迈出独立思考的脚步，在探索自我的旅程中，创造属于自己的精彩。

人际关系必修课

如何用提问的方式解决问题

■ 韩磊

兰心理卡牌疗愈师项目主理人
DISC/MBTI 性格分析讲师
企业(组织)系统排列咨询顾问

在工作和生活中,我们都会遇到各种难以处理的问题。你想过用提问的方式解决问题吗?其实好的提问能帮助你更高效地解决问题。

如果你是企业的内训师,或者负责企业的培训工作,在进行必不可少的培训调研时,你是否遇到过这样的困扰,员工或部门领导希望培训解决的问题,总是很宽泛,甚至有一些问题,都不是单纯通过培训可以解决的。

例如:

如何提高工作效率?

如何解决跨部门沟通的问题?

如何提高员工的积极性?

……

如果你是个人教练,可能经常会遇到学员提出一些很宏大的问题。

例如:

如何规划人生?

如何过自己想要的生活?

如何管理其他人?

……

哪怕是我们在生活中,也能遇到邻居或者朋友向自己求助,提出一些"世界难题"。

例如:

如何解决婆媳关系?

如何度过七年之痒?

如何帮孩子度过叛逆期?

……

以上的问题，通常有两种回答方式。第一种是回避，直接说自己解决不了。第二种是"开药方"，结合自己的经验，直接给出解决方案。

其实以上两种方式，都会有风险。在职场上，有一些工作就是任务，容不得拒绝。哪怕你不知道如何解决，也要想办法解决；当你给出了方案，对方却说你的方案不可行。

我做内训师时，就遇到过类似的情况。一名参加内训师培训的学员，设计了1个1小时的培训课程，课件写了足足60页。一开始，我建议学员把课程安排成半天或者一天，这样有充分的练习时间。结果对方说："领导只给我1个小时的时间，不能延长。"

于是，我建议："可以精简一下内容，选择几个重点场景。"对方说："课件领导看过了，不能改，要把所有内容都讲完。"

其实，这里的核心问题在于学员假设了一个不能改变的情况，或者是他自己不希望改，所以否定了我的所有建议，就是人们说的"你叫不醒一个装睡的人"。

既然不能回避问题，也不能直接给解决方案，那么要如何解决问题呢？

其实解决问题的方法，不在于给方案，而是提问题。通过提问，让答案自己"生"出来。

苏格拉底式提问

苏格拉底是古希腊的一位哲学家。他认为，哲学家的职责是引导人们思考，而不是告诉他们应该相信什么。通过提出问题和让人们反思，哲学家可以帮助人们得出自己的思想和见解，就像助产士帮助通过提问，让答案自己"生"出来。

产妇生产一样。这种提问方法被称作"苏格拉底式提问"。我们可以借鉴这种提问思路，通过提问的方式，引导对方找到解决问题的方法或方向。

比如，前面说的"如何提高员工积极性"。如果用苏格拉底式提问，问题就是"什么是员工的积极性"或者"员工做什么说明他有积极性"。

这时候，对方可能会说："员工做事情积极主动，能够独立思考。"那么，你可以追问："你说的积极主动是什么意思?"或者"什么叫作独立思考?"

通过这样一步步的深入提问，明确对方究竟想要的是什么。比如，不同的人对于积极主动的理解是不一样的。有的领导认为，主动汇报任务进度叫积极主动；有的领导认为，哪怕没有布置工作，也要自己找活干叫积极主动；还有的领导认为，主动协助合作部门工作，才叫积极主动。

苏格拉底式提问，归根结底就是把问题不断聚焦，聚焦到你能解决的程度，或聚焦到可以客观衡量或给出解决方案的程度。例如把积极主动明确为：下属向上级主动汇报工作进度，那么培训的时候，就可以重点强调这一点。甚至可以让员工针对现有工作进行分类，然后列出向领导汇报的频率。

如果把积极主动明确为自己主动找活干，那么培训的内容则是帮员工分析部门的重点考核指标，明确自己当前和未来做什么工作，可以推动部门重点工作指标的达成。

所以，你会发现，其实所有大问题都可以通过不断提问缩小范围。

如何更有效地使用苏格拉底式提问

学员提问:"如何提高员工的工作效率?"

高是一个形容词,可以让对方量化或者说明具体的行为。那么就能这样问对方:"现在员工的工作效率是使用什么方式评估的?你期望提高到什么程度?"

"员工做了什么,会让你认为他们是在高效率地工作?"

看完前面的提问分享,你是不是已经迫不及待想要尝试一下这种提问方法?但是,我建议你先看完下面的常见错误问法再去尝试。避免本来是想通过提问找到解决的方法,最终却弄巧成拙,让对方感觉你是在"审问"他。

常见错误一:使用反问

某天下班回家,你发现自己感冒了,希望得到家人的安慰或者关怀,于是把感冒的事情告诉你的父母或者伴侣,结果对方说了一句:"出门前我不是告诉你今天冷,多穿点别感冒,你为什么出门不穿秋裤?"此时此刻,你的心里是什么感觉呢?本来是想求一句安慰,结果得到一顿批评。

所以,在我们向他人提问的时候也应尽量避免使用反问。如果真的需要确定某些信息,可以换一种柔和的提问方法。

推荐句式:"我想了解是什么原因……/我想了解……的原因是什么。"

这样会让对方的感受更好一些,因为你不是在质问他,而是在收集你需要的信息。

常见错误二：逼迫地问

同样的问题，不同的人问，产生的感受可能完全不同。

如果一个小孩子，用充满好奇的语气，用一双水汪汪的大眼睛看着你，然后带着疑问的语气问你："你为什么要这样做？"此时，你的感受是什么呢？大部分人会觉得可爱，也会愿意回答。

但是，如果一个表情严肃的男人，用逼迫的语气问你："你为什么这样做？"这时候，你的感受又是什么呢？大部分人会觉得有压迫感。

推荐句式："我很好奇……"

例如，"我很好奇，你选择用这个方案的原因是什么？"

"我很好奇，最终让你放弃这个候选人的原因是什么？"

"我很好奇，如果没有时间的限制，你会采用什么方案来实施这个计划？"

走出提问误区，培养医生一样的提问习惯

其实，错误的提问方式往往和提问者的心态有关，尤其遇到自己解决过的问题时，往往习惯快速地"开药方"。建议你向医生学习，不是先开药方，而是先收集信息。

无论你得什么病，去哪个医院看病，医生对于患者的提问流程都是一样的，这是有严格要求的，比如问姓名、病史、症状，以及生活习惯等。这些问题，没有一个是没用的，都能帮助医生更好地诊断。

所以，我们要培养医生一样的提问习惯，用提问的方式收集信息，不要急于诊断。

如何才能培养出医生一样的提问习惯呢？

其实，医生的提问是有固定流程的。同样，我们也可以结合实际情景，列出一个提问的框架，作为我们的提问结构。

比如，做亲子方面的咨询，最常见的问题可能就是"孩子几岁？男孩女孩？平时和谁一起住？……"做职业规划的咨询，最常见的问题是"工作多少年？在什么行业？具体的职位是什么？……"

我在用DISC行为风格测评做培训，或者人际关系工作坊时，也会给学员提供用于收集学员背景信息的问卷清单，就是为了防止太多主观判断。

提供给大家一个比较通用的提问清单和提问结构，你可以结合你的具体情况进行优化与调整。

问题清单：

是谁/是什么出现了问题？

具体是什么问题？

第一次发生是什么时候？

在什么地方发生的？

有什么样的规律？

提问结构：定位问题—对比分析—推测可能。

通过问题清单和提问结构，我们可以从不同的维度，列出更多的可能性，然后从这些可能性中找到共性的部分，明确问题发生的原因和解决方案。

解决问题，从具体的小问题开始

有一个很重要的原则，那就是一次只解决一个具体的问题。

比如，孩子学习自主性差，通过问题清单和提问结构可以找到具体的问题。这样的好处是，有时候解决了一个具体的问题，连带的其他问题也解决了。

在职场当中也是一样，员工积极性差的具体问题可能是工作进度不主动向上汇报，那就可以先通过定期的项目汇报会的方式，令其每周定期汇报，或者利用线上项目看板，让领导随时了解项目进度。

总之，解决一个具体的问题，比解决一个宽泛的问题更容易。同时，也避免了不知道从哪里下手去解决，或者做了很多事情，却看不到具体的成果。

就像解决员工积极性差的问题，员工定期地汇报，增加了与领导的沟通，减少了对工作任务理解的偏差，从而更符合部门需要和领导的预期。在领导看来，员工的积极性增加了。

苏格拉底式提问，帮助你把宽泛的问题不断具体化。避免反问和逼迫地问，帮助你减少对方的抵触情绪，增加信任感。提问结构和问题清单，帮助你全面地收集信息，定位根本问题，找到解决问题的突破口，进而解决问题。

人际关系必修课

课堂学习体验设计，增强学员的获得感

■ 王冬强

DISC+社群联合创始人

企业高级培训经理

人际关系必修课线下工作坊认证教研组成员

很多讲师认为，一堂课已经有既定流程和内容，而且大部分认证课程都有PPT，讲师对着PPT把该讲的讲出来，把该做的活动做了就可以了。我认为这是不可取的。如果我们在课程设计阶段做了那么多工作，最后学员的学习体验却没有达到预期，那真是辜负了前期的所有工作。如果一个课程没有完整的学习体验设计，学员有可能对课程内容没有兴趣。所以，在设计课程时，一定要重视学习体验设计。

学员的收获感是衡量一个课程有效性的关键指标。收获感要从提升学员的参与度、降低学员的预期值两方面下功夫。

下面我将从时间线、逻辑线和呈现线三个方面，探讨如何进行课程的学习体验设计，以增强学员的收获感。

时间线设计：合理规划，让时间更有价值

为了在课程开始之前，充分了解学员的需求，我们可以通过问卷调查、面谈等方式进行深入的调研。根据课程的主题和目标，制订详细的时间表，包括活动安排、休息时间、反馈环节等。

在课程知识点的时间安排上，可按知识点的重要程度、难易程度进行划分。很多讲师在设计课程时，总是想平均分配时间。其实这是完全没有必要的，我们在做课程设计时，一定要以学员为中心进行时间分配，不必纠结是否平均分配时间，要结合现场学员对于知识点的掌握程度，随时调整时间分配；而且要充分考虑学员的需求和兴趣，合理分配时间。例如，对于关键的主题和讨论，可以预留足够的时间，以便学员深入探讨。同时，休息时间和反馈环节也要合理安排，让学员有足够的时间放松、交流和表达。

建议大家采用"最小单元化"教学，让每个知识点的学习形成一

个闭环。

在课程中设置适当的休息时间和反馈环节。休息时间可以让学员放松身心,交流感受,同时也可以拍照留念、拓展人际关系等。反馈环节则可以让学员对活动提出建议和意见,以便未来改进课程。

在课程结束后,及时进行总结,梳理授课或课程的收获和不足。此外,对学员的反馈进行整理和分析,以便未来改进课程。同时,在活动结束后,可以通过邮件、微信等方式与学员保持联系,分享活动照片、资料等,增强学员的归属感和获得感。

逻辑线设计:清晰明了,让知识更有体系

在设计课程时,需要明确主题和目标,并围绕主题和目标组织内容。这有助于确保学员能够快速理解并投入课程学习中。我觉得课程设计跟产品设计类似,要有边界感,也就是说一定要在上课前告诉学员这门课程所讨论的范围是什么。

在课程内容安排上,应遵循由浅入深的原则,逐步引导学员深入思考。可以先从基础知识开始,然后逐步引入更复杂的概念和方法。一定要从学员已知的知识点入手,再递进到未知的知识点。切忌直接向学员介绍未知的知识点,新进讲师比较容易犯这个错误。

为了吸引学员的注意力,可以结合多种学习形式,如讲解、案例分析、小组讨论、角色扮演等。这样可以提高学员的参与度,使学员更全面地了解课程。例如,可以通过小组讨论的方式,让学员交流观点、分享经验,同时也可以锻炼他们的团队协作能力。

在课程中,一定要引入实际案例,这样可以帮助学员将所学知识与实际应用联系起来,让学员了解实际问题的解决方法,同时也可以

加深学员对知识的理解和记忆。此外，这也有助于降低学员的预期值，让他们意识到学习是一个循序渐进的过程。

一定要充分考虑各种学员的行为风格。可以在讲解一个知识点时，设计一个适合 D、I、S、C 四种行为风格的活动，或者根据不同的知识点设计出适合某种行为风格的活动，无论学员是什么行为风格，总有一个活动是适合他的。这样，学员才愿意参与到课程中，获得感才会增强。

呈现线设计：感官刺激，让学习更具吸引力

课程的呈现，包括现场布置、课件的视觉呈现、讲师的教学呈现、学员输出方式等。

要营造一个舒适且有利于交流的环境，包括教室大小合适、座椅和灯光舒适、装饰有趣等。通过设计与课程主题相关的主题活动和场景，可营造出具有参与性和互动性的学习环境。设置主视觉展板、易拉宝、海报等，在教室的墙上留出空白区域来展示学员在课堂上的输出内容等，都是布置现场的方法。

有效的视觉呈现可以增强学员的理解力和投入度。视觉呈现设计应简洁明了，重点突出，使用清晰的颜色和字体，避免使用过多的装饰元素。此外，适当的图表和图片可以帮助学员更好地理解课件内容，例如，可以使用简洁的图标和插图来解释复杂的概念和流程。多媒体的学习资源，可以提供更加丰富和多样化的学习体验。通过视觉和听觉的刺激，加深学员对知识的理解和记忆。

演示与讲解是课程的核心。为了提高学员的收获感，讲师需要具备良好的表达能力，能够清晰地传达信息。讲师可以使用 PPT 等演示

有效的视觉呈现可以增强学员的理解力和投入度。

软件来展示内容，同时配合语言和肢体动作，使演示更加生动形象。

课程开始时，通过引人入胜的开场活动，激发学员的兴趣和好奇心，可以利用个人故事分享、破冰游戏、趣味小测验等，让学员主动融入学习氛围。故事化的手法，可将抽象的概念和理论框架具象化；讲述真实故事、分享成功案例等，可让学员与所学内容建立情感共鸣，提高学员学习的意义感和学习参与度。

讲师还应充分考虑学员的个体差异和需求，根据不同学员的特点和学习偏好，通过个性化的辅导和指导，为学员提供与专家互动的机会，增强学员的学习效果，助其成长。

实践操作是巩固所学知识的重要环节。在设计课程时，可以安排一些实践操作环节，让学员有机会亲自尝试和应用所学知识。这不仅可以提高学员的学习兴趣，还可以加深他们对知识的理解和记忆。

及时有效的输出是提高学员的参与度和增强学员的收获感的关键环节。输出包括学习笔记、学习总结和收获、未来一个固定时间段（比如一个月）的行动、对课程的反馈及对课程的建议等。最简单的做法就是在课程结束前，让每个学员分享参加课程的三个收获和未来一个月的行动。

通过合理的时间安排、清晰的逻辑架构以及刺激感观的呈现，可以增强学员的收获感，提高其参与度，实现课程的目标。在实践中，讲师需要根据具体情况和学员的特点进行灵活调整和优化，增强学员的课堂学习体验，提升课程的效果和影响力。

人际关系必修课

银行从业者如何进行客户维护？

■ 曾巧玫

某国有上市银行支行零售主管行长
金融理财师 AFP、财富传承管理师 AWIP
中华遗嘱库义工

人与人之间的关系陪伴我们终生，人际关系是我们无法回避的必修课，我们需要终生学习，终身成长。

成长的焦虑

我是一个幸运儿，考上了家门口的大学，逢年过节同学聚会络绎不绝，很多次聚会都是我张罗。我从小就不怕生，我的秘密武器是能露出 8 颗牙齿的标准微笑。我喜欢与人亲近，却在大学毕业之后进入了一个严谨的行业——银行，每一项工作都有操作流程。我最害怕的是一屋子的客户，每个人都在催促我快一点办业务。

银行的柜台工作让我更加了解自己，我宁愿与人打交道，也不愿意跟机器打交道。凭着这样的信念，我抓住一切机会逃离银行柜台，很幸运地得到了伯乐的赏识，被调去筹备 VIP 服务部门。

> 未来，就像一张白纸，我可以在上面描绘出我想要的一切。

VIP 服务部门成立后的最初几年，我每年都要为银行的 VIP 客户举办丰富多彩的活动，还独揽了 VIP 客户内刊的编写工作，一切都按照我的设想进行着。直到有一天，客户问到我业务问题，我根本不知道要怎么解决，我才明白原来跟客户互动不是吃喝玩乐，而是要在关键的时候帮到客户。

那一刻我忽然发现我引以为傲的工作，不涉及银行的核心业务，前所未有的危机感涌上心头：银行的活动是可以外包的，我在银行当中又扮演什么角色呢？未来的我真的适合待在银行吗？我的彷徨无助，领导都看在眼里，他在跟我沟通时，问我愿不愿意挑战新业务，去新的部门发展。

人际关系必修课

在焦虑中成长

2010年国内的私人银行服务方兴未艾，我成为筹建私人银行部的骨干力量。与上一次筹建新部门不同的是，当时还没有一家银行成立过私人银行部，没有可借鉴的经验。在领导的重视下，我们与瑞士银行开展业务培训，与加拿大蒙特利尔银行开展跨境业务合作。

这一年是我飞速成长的一年，也让我的职业生涯发生改变：**我要做为客户的家族两代人甚至三代人服务的私人银行家**。这一年，我成为中国第一批私人银行家，为银行高净值客户做财富管理。我的基层经验不足，考取资质的过程很痛苦，但我不服输的个性让我能够积极面对各种挑战。成为私人银行家仅仅是个开始，我惴惴不安地踏上陪伴客户人生的道路。

我的客户几乎都可以称为我的长辈，如何才能帮助这样的高净值客户做财富管理呢？这时候，我喜欢与人打交道的I特质帮我打开了局面，我先了解客户的创业史，然后总结出客户的风险偏好，再为客户做合适的资产配置方案。在成为私人银行家后的一年半时间，我服务了28个家庭，管理着3.6亿元的资产。与客户聊得多了，我逐渐成为一个很好的倾听者，当时有位年过半百的客户跟我说过一句话，我至今都印象深刻："很多事情我不敢跟家人说，无法跟合伙人或者同事说，又不好意思跟朋友说，只有你对我的家庭和事业都了解，所以只能跟你一个人说。"这种莫大的信任，让我对银行这个行业有了重新的认识——**银行就是要做人与人之间的桥梁**，而我对我的职业有了使命感——**做一个有高度、有温度、有态度的银行人**。

高净值客户不缺为其服务的银行，厌恶套路，对安全感、信任感有强烈的要求，客户经理的真诚与专业是打动他们的前提。如何做到真诚与专业呢？

1. 真诚：换位思考

大多数高净值客户的赚钱能力很强，并不依靠理财收入来改善生活，对利息并没有我们想象中的那么在乎。有时他们表现得斤斤计较，可能是表象，说明我们没有满足他们真正的需求。客户内心深处的需求是关心和尊重，客户把钱放到金融机构，为的是找一个靠谱的人来为他保管，为他打理资产，让他能安心打拼事业。我真心为客户着想，不是打着关心客户的旗号为客户推荐不合适的理财产品。**我希望每一个客户在我的协助下，都能过上他们想要的生活。**

2. 专业：让客户意识到投资是赚自己认知范围内的钱

我经常向我熟悉的客户灌输理念：凭运气赚来的钱，也会凭实力亏掉。我喜欢将热点新闻、资产配置的知识点做成知识手账定期发给客户，或者做成小视频进行投资理财知识普及。有人会问：客户会看吗？坦白说一开始我也有这样的疑虑，但后来收到客户给我的反馈，我觉得一切都值得。

我有一个只见过几次面的高净值客户，我定期发知识手账给他，他一直没有回应。有一天，他主动跟我说他需要更稳健的投资。这时我问客户："您知道资产配置的黄金搭档是什么吗？"（最近一期的手账里提到过）客户立马回答：基金和保险。基金负责挣钱，保险负责挣来的钱属于自己。然后我再跟客户详细讲解，根据他的资产状况，推荐险种，客户一下子就要求配置200万元的保险。把客户的事真正当成自己的事，客户会感受到我的真诚与专业。平时我会多学习，树立客观公正的专业形象，定期与客户沟通，为客户保驾护航。

我始终认为术业有专攻。客户或许对投资有研究，但对一些金融热点、政策并没有我了解得全面和及时，我会陪伴客户一起学习。我教客户为什么要配置基金、为什么家庭需要保险、如何分散风险，与客户保持长期稳定的关系。我相信专业会赢得客户的信赖，从我做私人银行家开始，我定期与客户复盘投资情况，展现我的专业价值。当客户认可我的专业能力、认可我的服务能力，就会更加信任我，甚至会把企业经营状况告诉我，我也会站在客户的角度给出中肯的建议。

成长的进阶

工作的使命感和多年的客户维护经验帮我通过公开竞聘，顺利进入基层银行的管理层。对于 30 岁的我来说，这算是人生的分水岭，除了经营压力外，我还要承担更大的责任，肩上的担子越来越重了。业务可以学，也可以请教前辈，人际关系的经营完全要靠自己悟。我算成长较快的年轻干部，肯定不容易服众。各种负面的声音此起彼伏，不合作的下属也让我体会到什么是举步维艰。

在我迷茫的时候，客户推荐我去厦门大学读 EMBA，对于刚踏入管理层的我来说无疑是看到了一束光，照亮了我前进的路。10 年前，我就为知识付费，坚定地认为投资自己就是最好的投资。从那时起，我逐渐发现自己的阅读能力在提升，阅读世界，阅读别人的人生，也阅读自己的内心。

站在管理者的角度，我一直在思考如何赋能员工。管理大师德鲁克说过一句话："管理就是激发员工的善意。"我相信每一位员工都希望成为更好的自己，我可以帮助员工做好自我管理，得到客户、领导的尊重和认可。我与下属就在一次次相互沟通、互相尊重中达成共识。海峰老师说过:"别人怎么对你是你教他的。"所以,我就用对方喜欢的方式对待对方。

2020年,我转换了赛道,三年过去了,我还牢记我的初心:做一个有高度、有温度、有态度的银行人。我选择了"人际关系必修课",也尝试把我走过的弯路、踩过的坑、总结的经验都融入人与人的沟通中。希望有朝一日,我们能面对面聊一聊我们各自的所思、所想、所悟。

做一个有高度、有温度、有态度的银行人。

人际关系必修课

时光知味，岁月沉香
——与自己七年之约的独白

■ 查恒懿

撕裂式成长的新生 Z 世代
高校公益创业团队核心成员
勇于破圈的社交多面手

一棵树需要多少年,才能扎根立足,变成参天大树?一个人需要走多远,才能克己复礼,成为正人君子?

我一直在寻找答案,所以,我跟自己做了一个约定:**每年都要留下独白,记录生活,记录热爱生活的自己。**

留下独白,是给生活留下一个注脚,以免忘记自己是从何处来,要往何处去。

今年,是我与自己约定的第七年。我诚挚地邀请你,与我一同见证一个男孩的成长。

虚拟的帷幕,舞台的幕布

跨过千禧年,如潮水般汹涌发展的互联网,彻底改变了我们的生活。传统的文化受到了严重的冲击,越来越多的亚文化在新生代之间传播,网络小说、二次元、潮流偶像……吸引了很多很多的青少年。人们自发地走到一起,形成团体、社区,乃至平台。作为新生代的好奇宝宝,我自然也"混迹"于这些圈子,接触了许多的网友。

真诚和热情就是与人社交的一把钥匙。在一个群体里,交际如此简单,只要有勇气发言,就会被看到。如果用一个词来形容当时的我,应该就是"社牛"——勇于去接触各个圈子的人,我也因此获得了更大的自由发言的空间。

在那段时间里,通过和网友们的接触,我迅速了解了一个"圈子"的规则和现状。

我们被社区欣欣向荣的表象所迷惑,却不知社区内部乱象层出不穷,其空洞的内核也不断被人诟病。当时为了一本深陷抄袭风波的小说，昔日在社区里面相谈甚欢的网友们因为立场的不同彻底决裂。当时十几岁的我，选择了退出。

网络盖上了一层面纱，虚化和抽象了人际关系。 当时，我认为，与人打交道不过是热情地走向群体，然后一起开心地玩耍，但也一直警醒自己，坚守本心，不要随波逐流，也不要被人际关系裹挟。

七年后的我，再次看向自己野蛮生长的第一步，发现那段时光训练了我的社交能力、信息获取的技能，也让我交到相伴至今的好朋友。

进可共舞，退可独舞

"有个性"仿佛也成了我们 Z 世代（Generation Z，意指 1995—2000 年出生的人）的代名词。我们自动划分了边界，选定我们认可的人来交往。

"我可以跟你们一组吗？""男生太多了，可能不太好。"

"我可以跟你们一起打球吗？""我们现在是打比赛，没有你的位置了！"

"我帮你们占座，待会一起去饭堂吃饭好吗？""我们下午不去饭堂了，打算买课间餐了。"

……

上面的对话在我的学生时代发生过太多次，"社牛"的我感觉被泼了冷水。这就像是我去一场舞会，却无法走进舞池之中，甚至找不到愿意陪伴自己的舞伴。这时候，我才发现我的热情与真诚已经无效，社交不是一厢情愿，而是两个人的双向奔赴。

心中的光亮熄灭了，无法得到他人的认可，情绪与学习的高压，

令我的成绩一落千丈。孤独如影随形,但这份孤独不是我想要的。自卑在我的心中开始萌芽,感觉有无数双眼睛在审视、批判自己,害怕他人对自己的失望和鄙夷,甚至开始自我否定。我又一次沉入虚拟生活,在那里我可以得到彻底的宣泄。

家庭矛盾频发,为了高考这件人生大事,我与家人三天一小吵,七天一大吵。压力迫使我把阴阳怪气的言语当成保护自己的武器。

反抗、叛逆和承受成为我在那一年里的关键词。我的母亲在我濒临崩溃的时候看到了我的脆弱,她仿佛看到了曾经的自己,对我说:"你不用去讨任何人的喜欢,你就是你。你优秀,自然会被人看到。现在的你只是没有被发现,没有发力,我们从不缺少从头再来的勇气。"

孤独化成我生活的一部分。我越来越享受一个人的生活,一个人的饭桌,一个人的教室。母亲的话让我从噩梦中醒过来,我开始享受孤独,我更清醒地思考,平复心中的喧闹,驯服情绪的猛兽,去承受来自学校、同学和家庭的压力,最后奔向了一所211大学的怀抱。

曾经我也想过,我是不是遭受校园冷暴力,被孤立或者被歧视了。七年之后,我对此的答案是否定的。人际交往是有边界的,我们都希望能与跟自己合得来的人一起玩。你也可以不合群,被拒绝不可怕,可怕的是没有接纳被拒绝的勇气。我们做不到被所有人喜欢,孤独是我们生活的常态。尝试去邀请舞伴,共舞固然很美,但是,独舞也别有风味。

综合能力与个人魅力就是最好的名片。人际交往是个圈,我们不仅要做圈中人,更要做划圈人。请不要忘记,在人际网络中,中心是我们自己。

聚拢是烟火，摊开是人间

"象牙塔"的生活还在继续，我也一直在成长。

我必须重构人际关系，再一次迈入人潮。于是，我踊跃地去接触不同的人群，接触辩论比赛、做公益老师，把控社交的温度和距离，也见到了很多不一样的风光。

2016年二十国集团杭州峰会召开，杭州举世瞩目。恰逢盛夏，我和挚友一起到这座美丽的城市旅游。人生地不熟，乘坐出租车是我们在杭州主要的出行方式。一位出租车师傅见我们是学生，对杭州不熟悉，非常热情地告诉我们哪些巷子有好吃的美食，哪些景点人少又有意思，几月的杭州最舒服……

我非常享受这趟车程，它让我看到了更加鲜活的人，为生活奔波虽然劳累，但却对生活充满热情。

晚霞垂暮，夜色浸染枝头，没有什么比辛苦一天之后，坐到馄饨店里面吃上一碗热气腾腾的馄饨更抚慰心灵的了。这家馄饨店的店主是一位阿姨，一个人打理店铺，为人十分热情。从高中到大学，我都喜欢来这里。还记得有一段时间因为修地铁，吃不到这家店的馄饨而伤心良久。倒不是因为这家馄饨店的馄饨有多么美味，而是因为我喜欢和店主阿姨聊天。

吃一碗馄饨，赶走了很多的烦恼、辛酸。阿姨跟我说："当时身体受伤了，因为修地铁店铺要拆迁，感觉自己真的老了，不能保住店铺，最后还是咬着牙在远一点的地方再开了这家店。很多人都喜欢吃我做的馄饨，也有很多人没什么事情就来看看我，和我聊聊天。就这么开着店也挺好，以后你也要时不时回来看看阿姨啊。"

她总能记住顾客的脸，每次去她的店里，她总会问我最近过得还好吗，我也愿意与她分享生活中的喜悦和忧愁。这里的烟火气，总是提醒着我，要清醒地、脚踏实地地活着。

迈入新的阶段，我领悟了当初母亲说的那句话："上帝给予我们两只耳朵一个嘴巴，就是要我们多听少说。"在人际交往中，多倾听、多思考。

社交给我带来一股温柔而又强大的力量，我在大学之中接触到了更多优秀的同学，可爱的学弟、学妹，从他们的身上与他们的故事里感受到了生命的美好。

第七年，回首过往，虽有遗憾，但是我不后悔。日拱一卒，功不唐捐。温暖包容的朋友帮助我重塑了我的人际关系，优秀自律的人群影响了我生活的律动，百味人间的点滴美好渲染了我生命的底色。社交，于我而言，早已是我的一个力量源泉。

自我成长是漫长的修行。今天的我没法说自己已经完成了修行。热情的孩子，自我封闭的少年，积极进取的大学生，他们并没有消失，只是化作另一种形式陪伴在我的身边，陪伴着我慢慢地走向远方。

自我成长是漫长的修行。

人际关系必修课

修炼人际敏感度

■ 陈杰

抖音平台 MCN 机构负责人
弹幕小玩法主播经纪人
线上餐饮知识付费工作室合伙人

在我看来，敏锐、准确地体会他人没有直接表达出来或是表达得不完整的想法，感受他人的情绪，站在他人的角度理解当事人的内心感受，且能够采取合理的措施解决当事人的问题或与其达成共识的能力就是人际敏感度。

如果问我，人与人的关系、人与环境的关系和人与自己的关系，哪个最重要？我会回答说是人与自己的关系。为什么这么说？**因为如果我们不能很好地认识自己，就不能很好地认识别人，认识自己，是建立一切关系的基础。**

在认识自己的基础上，怎样提升人际敏锐度呢？

小 A 刚入职场，总是被领导安排写会议记录。早上刚到办公室还没来得及收拾办公位，还有一堆报表没有做，就被领导安排去做会议记录，做完以后还要及时整理和发表。小 A 总感觉写会议记录耽误自己做本职工作的时间，因为会议记录做得不好的话，领导不满意还得反复修改。那段时间小 A 总是想为什么每次领导要安排自己来做会议记录，吃力不讨好，真不公平。

后来，小 A 有机会和一位前辈分享这件事，前辈的做法非常让人感动，她在参加任何一场会议时，都会主动要求做会议记录。她的理由如下：做会议记录可以培养速记习惯、锻炼快速思考能力；通过对记录内容的思考、判断、分类、整理、归纳，可锻炼结构性表达的能力以及快速分析信息的能力，并提升洞察力。

在职场上，想提升能力、想得到领导认可，主动承担工作的方法有很多，主动做会议记录就是其中的一种。对同一项工作，小 A 的这位前辈看到的是机会、机遇，是领导给予的锻炼，小 A 看到的却是任务，是领导对她的打压。

不知从什么时候开始，网络上开始流行"丧"文化，面对社交、工作、生活中的压力，似乎逃避和消极面对才是正解。可逃避后，问题就解决了吗？没有。**最好的方法还是积极应对，主动培养洞察能力、主动挖掘资源、主动担当。**

我以前也是一个不愿与人打交道的人，总觉得有些人很难沟通。当有人主动想要和我攀谈的时候，我心里会先打一个问号，如果不知道对方打电话来要讲什么事情，我甚至不愿意接电话。大多数时候，我只喜欢关注事情本身，所以会忽略别人的感受。了解 DISC 行为风格理论后才终于体会到，每个人的行为倾向都是不同的。大多数时候，沟通不畅是因为没有真正掌握对方的性格特质，找不到合适的途径和方式沟通，使得事倍功半。

想要抓住机遇，进行有效沟通，需要以最快的速度判断对方的性格特质，采取最有针对性的方法，以达到预期的效果。我听过鼎鼎有名的任博老师开设的人际关系必修课，学会了如何在 5 分钟内掌握一个人的性格特征，找到有效应对 4 种性格特质的方法。

DISC 行为风格理论有 3 个前提，分别为：

第一，每个人身上都有 D、I、S、C 4 种特质，只是比例不一样而已。

第二，D、I、S、C 4 种特质没有好坏对错之分，都是人的特点。

第三，D、I、S、C 可以调整和改变。

我一度认为自己的性格不好。读书阶段，敏感，有时还很脆弱；后来工作了，C 特质开始慢慢提高，对工作高标准、严要求，所以也会有同事觉得我很难相处。学了 DISC 人际关系理论以后，我明白了要认识自己，并悦纳自己，也找到了一些方法修炼自己。

有一句话是这样说的："**每一刻的你都是最好的你，不如意只是因为你没遇上合适的工作和合适的人。**"这句话我非常认同。

DISC 行为风格理论把人分为 D 领袖型、I 社交型、S 支持型、C 思考型 4 类。

D 型人是领路人，能带领大家改变现状，代表人物是拿破仑；I 型人充满正能量，总能给身边人带来欢乐，代表人物是克林顿；S 型人懂得欣赏他人，追求和平，代表人物是甘地；C 型人是智慧的代表，能够给他人专业指导，代表人物是比尔·盖茨。

观察他人关注的方向和行动的快慢，可以快速判断一个人的行为特质。更关注人的倾向于 D 领袖型和 I 社交型；更关注事的倾向于 C 思考型和 S 支持型；做事快的更倾向于 I 社交型和 S 支持型；做事慢的更倾向于 D 领袖型和 C 思考型。

了解了各种行为特质的特点，有针对性地与人沟通，才能更快速有效地达到目标。对领导型的人，与其交流时说话要讲重点、快速切入话题；对社交型的人，与其交流时话题有趣是吸引他们的不二法宝；对支持型的人，与其交流时主动带动话题，能让他们更舒服；对思考型的人，与其交流时探讨他们擅长的话题，说明事情、原因和结果，能让他们更加投入。

我针对各种行为特质，总结了一些实用的妙招。

与 D 型人沟通注意点：（1）口头汇报工作时节约时间、讲重点；提交的书面报告应条理清晰、重点突出。（2）及时向其反馈工作进度，设置时间节点。（3）不要让他做选择题，而是让他做判断题。（4）提供新点子、新方法、新模式、新思路。

赢得 D 型人的终极法宝是给其留下快速且高效的印象。

与 I 型人沟通注意点：（1）给予其足够认可，多赞美、少批评，赞美时，多说细节。（2）给予其足够多的反馈，给予其足够大的舞台。

了解了各种行为特质的特点，有针对性地与人沟通，才能更快速有效地达到目标。

(3)给予其有趣的体验。(4)要求对方定期跟进,必要时要让对方写书面承诺。

赢得I型人的终极法宝是有趣。

与S人沟通注意点:(1)赞赏他的团队协作精神,邀请他表达想法。(2)关怀、包容他的情绪和想法。(3)帮助他拒绝。(4)尽早告知他工作任务,并定期提醒他、鼓励他。

赢得S型人的终极法宝是给他安全感和稳定感。

与C型人沟通注意点:(1)给予他安全距离和单独的空间。(2)用数据陈述事实。(3)有分歧时,让他先表达意见。(4)给予他感兴趣的个性化奖励。

赢得C型人的终极法宝是严谨和有品位。

实践出真知,我会常常观察公司的同事、求职者,或者到访者,在心里画一个坐标轴,来做初步判断,以便与之达成更有效的沟通。

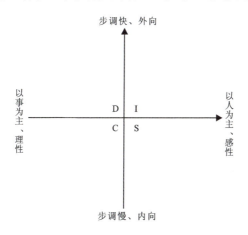

沟通频段往往与每个人的行为特质相符。每个沟通高手都能快速调频,快速调频的能力来自对他人行为特质的敏锐感知,这是可以通过学习DISC行为风格理论来获得的。

人际关系必修课

主动过"苦日子",只为找到更好的自己

■ 邓旭川

资深奢华酒店品牌中国区 HRD
职业规划导师
多项外企高管内训课程认证导师

主动过"苦日子",只为找到更好的自己

原本觉得出书离我很遥远,但最近读了松浦弥太郎写的《给40岁的崭新开始》,结合自己最近参加的一期DISC工作坊,便有了些许勇气用文字记录自己40年来的人生经历,并斗胆和大家分享。

和许多"80后"一样,我出生在一个标准的"双职工"家庭。幼儿园读的是家门口的父母单位办的幼儿园;小学读的是楼下的"一小";上中学时,家长通过关系把我转到了离家较远的一所重点中学。我于2001年参加高考,考试成绩并不理想,去了西安上民办大学。2005年,我大学毕业参加工作,却意外在26岁的时候升职为国际连锁品牌酒店的人力资源总监。结合自己的学历背景和外资酒店行业需要熬年资的惯例,我这算是"逆袭"了。

我是怎样做到的呢?**通过学习DISC行为风格理论,我发现自己的人生充斥着矛盾,但我的性格恰恰又与这些矛盾起了化学反应。**

上小学时,同学们都只重视语文、数学,而我却与众不同,喜欢自然,我的一篇小论文《马铃薯的皮》还获得了全国自然竞赛三等奖。上初中,发现自己很喜欢英语和所有教英语的老师,于是当上了英语课代表。我的数学很好,但物理极差,初中的时候,我参加了"希望杯"数学邀请赛,还得了铜牌,可物理的高考成绩只有40多分(总分150分)。而化学成绩就更差了,我还记得我经常问老师,化学有这么多要背的内容,为什么是理科,不是文科?明明理科成绩不好,我却在高二分文理科的时候选择了理科。这也为高考失败埋下了伏笔。

高考成绩出来后,我的成绩只能上个民办大学,所以我选择了去西安这座民办大学扎堆的城市。大学四年,我学英语专业,平时周末会去一些英语培训机构代课,所以大学生活还算惬意,经济状况还不

错，记得当时同学一到放假时间就去排队买火车票，而我已经订好了机票。当时跟我一起代课的老师，纳闷一个假期辛苦赚来的课时费，我怎么就那么潇洒地"享受"了。我就告诉她钱是赚来的，不是省来的。

大学的最后一个学期，我看到西安一家外资五星级酒店招聘培训主任（Training officer），当时我也不懂这个职位是做什么的，想着自己的英语还可以，又在培训机构兼过职，就带着简历去应聘了。见了招聘专员之后，我发现酒店的培训和培训机构的培训完全是两回事，被婉拒要离开的时候，命运的齿轮开始转动了。

当时，我正准备要走，发现酒店人事部的女员工们都蹲在地毯上做手工布告栏，有的人贴照片，有的人裁剪纸张。她们穿的制服短裙明显很不方便，于是我就蹲下帮她们一起制作。借助我的高 D 特质，不一会儿就完成了。恰巧被回办公室 HR（人力资源）经理看到，她问我是谁，得知我是来应聘的，又问我应聘什么岗位。HR 经理先让我翻译了几封邮件，又说她可以帮我约一下总经理，能不能成功，就看我的造化了。另外，她让我写一篇如果我拿到这个职位，我会有哪些想法和举措的文章，等见总经理时一并带来。回去后我立马写了文章。

后来，我见到了总经理。我告诉他虽然我不懂五星级酒店的培训体系，但是我相信我可以做好这份工作，信心来源于我在培训学校也是一名骨干老师，无论是主持夏令营，还是负责教学工作，我都可以胜任，并且校长很放心。就这样，我打动了总经理，他决定录用我。我现在都记得我的入职时间是 2006 年 4 月 27 日。

进入酒店之后的工作可以说非常繁杂。作为 HR 部门唯一的男性，我还要做很多本职工作之外的"跑腿"工作。对于我的本职工作，我丝毫不敢怠慢，毕竟自己也可以学习新的东西。收到万豪集团寄来的入职培训指南，HR经理要我翻译并试讲，我白天忙完培训和日常工作，晚上就在办公室翻译，困了就睡在办公室，第二天在更衣室洗个澡，继续工作。

就这样，我一边开展培训工作，一边吸取着美国万豪集团最先进的HR管理理念。HR经理看到我"好用"，就把我的工作量一加再加，绝口不提升职。当时每天都很忙碌，也没发现自己已经到了瓶颈期，直到我们酒店的财务总监跳槽去了喜来登，我知道了喜达屋酒店集团，并通过她递交了应聘培训经理的简历。对方从上海总部打电话过来，了解我的职业背景之后，推荐我去常熟的福朋喜来登做筹备。我还记得我是在2007年的十一期间面试的。最后面试官问我还有什么问题的时候，我只问了常熟在哪里、有没有机场。那个时候，很少有人会像我这样做，去一个小城市，从0开始做起，但是我为了经理这个职位，加上觉得自己是金子在哪里都可以发光，拿着行李就去办入职了。我从早上5点乘飞机飞往上海浦东机场，再从浦东机场坐几个小时大巴到上海汽车站，再换乘汽车去常熟，到了酒店筹备办公室已经是下午4点半了。我二话没说，坐在工位上开始了工作。

现在想想，也佩服自己当时的决心和毅力。就在这家酒店，我从培训经理做到了HR经理，直到2009年6月1日升任HRD（人力资源总监），当时这在集团内部也是一件令人觉得不可思议的事情。记得当年我参加人力资源总监年会，有祝贺我升职的，也有表示羡慕的，更有老资格的HRD们不停问我的年龄，生怕我自己不晓得我才26岁，是他们的晚辈。更有趣的是，其中一位HRD，我当年投过简历应聘她公司的培训经理岗位，但失败了。我走了过去，和她讲了这个故事……

我之后的职业道路很顺利，还负责威斯汀酒店旗舰店的筹备，一切都顺利且按部就班地发展。这时候，我的 C 特质又发挥了作用，我总在想，此时的我最需要的是什么？是提升自己。教育背景一直是我的一块心病，有了职位的加持，我报名了香港大学中国商业学院的高管研究生文凭课程，一边上课，一边工作，并顺利毕业。

回想过去，我想给年轻人，特别是那些从小就优秀，又有名校硕博教育背景的年轻人一个建议：**如果你很年轻就做了高管，又是 DC 型性格，那么你在工作中难免很强势，希望你重视人际关系和他人的感受，尽量让自己的 S 特质高一些。**

出色地完成了酒店筹备工作，加上严谨认真的工作态度，2018 年我就升任中国区 HRD。其间，我的两个孩子出生了。有些事情，一定要经历过，才能体会。当父亲之前，父母总说我以后当了爸爸就理解了，这句话我听了多次，但就是没有什么感觉。等我真的当了父亲，才真正理解其中的酸甜苦辣。我更加感恩这份工作和自己的蜕变。

我的 C 特质又开始起作用了。我思考着如何逃离舒适圈。其实，作为一家跨国公司的中国区 HRD 和两个男孩的父亲，逃离舒适圈不是说我现在的生活有多舒适，而是人到中年，我希望自己能有崭新的开始。**我不喜欢那些不切实际，或很虚无缥缈的目标，喜欢立足当下。**我从小不喜欢任何体育运动，也不怎么上体育课，却在 40 岁的时候开始健身，走进健身房。C 特质让我不盲从，我知道健身这件事容易偷懒，哪怕酒店有设施那么完善的健身房，我也在我家楼下的健身工作室请了私教，一周三练。刚开始练完后，走路腿都打战，坚持了半年，真的有效果。最重要的是，健身这项自己最讨厌的事情，被我坚持下来了。记得刚开始,所有人都认为我就是说说而已,是坚持不下来的。

虽然我有港大的文凭,但是周围很多下属都是 MBA 了,于是我也想学个 MBA,但我想发挥自己的英语优势,学一个国外的 MBA。我去学英语授课的 MBA 不是为了拓展人脉,而是为了丰富自己的学识,同时体验发达国家的教育体系,弥补自己没有海外留学经历的不足。虽然当我拿到第一门课的全英语教材和课后作业的时候,发现这远比我想象的要"麻烦"很多,但是我相信凭借我的 D 特质,一切以结果为导向,我是一定可以坚持下来的。记得 2010 年去港大学习的时候,就有人问我,这个班上 90% 的人来学这个都是为了将来做 HRD,你是唯一来学习的 HRD,这样有意义吗?我学 MBA 不是为了升职,而是为了一个更好的自己。

健身也好,深造也罢,就是自己主动过"苦日子"。学了 DISC 行为风格理论,我感觉 40 岁的我可能很难改变性格,但是可以发挥自己的特长,比如我的 D 和 C 特质,从而更成熟地应对工作和生活。也希望每位学习 DISC 行为风格理论的同学都可以了解并发挥自己的优势,在这个世界上找到一个属于自己的位置。

了解并发挥自己的优势，在这个世界上找到一个属于自己的位置。

人际关系必修课

你的可能性超出你的想象

■ 洞洞

亲密关系播客"树洞夜话"主理人
深耕青年个体发展成长领域 10 年
支持自我成长的音疗师

十年没见的朋友说:"你跟以前不一样了。"

四年没见的朋友说:"你的整个面相都变了,眼神里的执着和疼痛少了,好平和。"

一年没见的朋友说:"你怎么瘦了这么多?"

十年前的我,就读于一所私立高中,专注读书,除了看小说没有兴趣爱好,更没有特长。有一些好友,但从来不敢单独出门,不敢花钱,不敢说"不",压力大的时候,明明很饱却拼命吃东西,所以跟瘦也没什么缘分。

这一切变化,都归功于我一直以来都在自我探索,并且在探索中不断地清理自己,重建属于自己的价值体系和生活方式。

我现在每天的生活都不太一样,节奏由当天的状态和心情掌控。每一年,我60%的时间用于工作,20%的时间用于学习,20%的时间用于亲密关系和身体健康,而且从生命平衡轮的角度来看,我的每一项分数都可以打9分。在身边的人眼中,我是一个热衷于身心灵疗愈、亲密关系状态特别好、工作很主动、生活状态很棒的人,身边有一群很有趣的人,经常在做很有意思的事情。

这一切是怎么发生变化的呢?

你可以现在不会,但你要相信将来你会

十八岁的时候,我通过一个公益组织参加了不少有外国志愿者参加的公益项目。我认识了好多国家的青年,他们来自马来西亚、印度、土耳其、印度尼西亚、坦桑尼亚、加拿大……年纪都是在二十岁左右,大部分人都是第一次来中国,并且是在一无所知的情况下来到

一个全然陌生的国家做公益项目。我觉得他们的经历都特别神奇，有一个男生才十八岁，已经去过很多个国家，他在游历后决定自己将来学什么专业、从事什么工作。

我当时最大的困难是用英语沟通，虽然我高考英语分数是135分，但口语真的太差了，他们说的话我只能连猜带蒙地理解，拿着手机查单词才能表达大概的意思。

有一天下午，我和一位来自土耳其的志愿者在回社区的公交车上聊天，他很突然地跟我说："你英语讲得很好，你可以多讲。"我很诧异和震惊，我觉得我讲得很不好，因此平时也尽可能地避免除了项目工作以外的闲聊，我不想给别人带来负担。但他说了这句话，我很诧异，他也没解释为什么。在这次项目的结尾，我第一次承办了一场在社区广场的"地球村"市集活动，有20多个志愿者协调配合我，吸引超过200人参加。从写方案到沟通协调到落地执行，对于一个从来没做过活动项目的人来说，这是一件特别有挑战的事情。

活动结束的时候，这位志愿者又抱着我说："你可以做很多超出你自己（能力）的事情，你特别棒。"是这位志愿者让我明白，在我知道我还不会的时候，我也要相信我会、我有机会，并且为之付出努力。

在那之后，我从第一次一个人坐飞机出行、第一次出国，到走遍中国，走向世界；我从不敢和外国人交流，到可以随意与之畅聊个人兴趣爱好、社会话题、国家情况、各地风景等；我从第一次做项目，再到带领100多人做社团，再到带领全国青年做项目，不断突破和成长。

我通过实践，证明我可以创造和追求我没有过的经历和想要的生活。

生活不用那么用力,放松才是前提

2020年,我在成都开拓市场,我太想做好了,所以经常情绪崩溃。在项目内测的前一天,我跟我的教练 Tiki 打电话,我说:"我非常痛苦,动不动就开始头痛、流眼泪,我觉得很绝望。项目明天就开始内测了,这是我们第一次在成都亮相,但我觉得好多东西都没做好。明明项目可以做得很好,但我没时间消化那么多东西,时间又很紧,我感觉我在做一件很对不起别人的事情,也觉得自己把一切都搞砸了。"Tiki 听我说完之后,让我深呼吸,通过提问让我慢慢理清摧毁我情绪的最后一根稻草是什么,有什么是我当下一定要做且能做的事。慢慢地,我的呼吸越来越平稳,思绪也越来越清晰,我就把那件事做了,然后强迫自己去睡觉。第二天,我感到一切都很好,项目虽还有进步空间,却也差强人意。

当时,我对团队很苛责,我总是非常着急地推动一些事情,当对方不能满足我的期待时,我会指责对方,强迫自己去做对方负责的事情,整个人很辛苦、很委屈,也很拧巴。我觉得自己很用力,工作成效却达不到预期。

Tiki 作为我的生命教练,陪我做得最多的就是:
问我真正想要什么,让我为自己想要的全然负责。
带我做放松呼吸,让我睡个好觉。

我还记情绪日记,记录我自己的每一个感受、每一次情绪起伏的过程,以及事后的反思复盘。我至今已经整整做了三年。情绪日记让我用文字的形式全然地看见和接纳我所有的情绪,不压抑自己真实的感受。

后来，我跟着教练做情绪画画，一次对话后，Tiki 留给我的作业是画一幅当下的心情。我记得那是一幅全部都是红色和黑色的画，特别乱，我画了之后，心里特别爽快，没有规矩，没有要求，只是全然地呈现我当下的情绪。我直到现在都还在用情绪画画，当我没有办法梳理我的情绪和我究竟为什么产生这种情绪时，我就画画，随便画，画完我就心情舒畅了。

现在每天除了记日记、画画的时间外，我还特别享受练习呼吸的时刻。当我把所有的注意力停留在呼吸上时，我感觉所有的情绪、疲惫都慢慢消失了，特别快乐。这半年，我还学了颂钵音疗，结合九字口诀"不用力、不刻意、不着急"敲钵，身心慢慢放松，效果也非常好。

这些放松的方法，让我的情绪状态发生了变化，我不那么着急了，允许自己努力，同时也悦纳别人。在这样的情绪状态中，我的生活也变得更好了。

关系之花需要爱与智慧的浇灌

我经常觉得我天生就是活在关系里的，相对于处理事情，我更关注如何处理与人的关系；相对于关注别人，我更关注自己，面对人际关系的冲突我毫不畏惧。这和我 ID 型性格互相呼应。

我们家有两个孩子，我小时候经常觉得我妈妈更爱我弟弟，我这个家人眼里的乖乖女，上了大学以后，非常叛逆，不听话，从来不跟家里联系，穿衣服很出格。我后来跟朋友们调侃，我的叛逆期是从 18 岁开始的。我和我妈妈的关系一度非常紧张，我一天内能挂她十几个电话。

允许自己努力，同时也悦纳别人。

直到 2016 年，我报名学习一个生命蜕变课程，老师介绍了一个叫"地下密室"的工具，"密室"指的是我们跟某些人看似没什么问题地相处，其实内心一直有很大的疙瘩。老师要求我们在当晚给第一个想起来的人打电话，跟对方说："我一直很讨厌你，因为……我也很爱你，希望你……"我第一时间就想到了我妈妈，但我完全不敢打电话过去，磨磨蹭蹭地写了一条短信，而且也没发出去。第二天另一个同学分享了他和他爸爸对话的故事，老师给了 30 分钟让没做作业的同学做完作业，我很忐忑地把短信发给我妈妈，于是我度过了生命中最长的 20 分钟，也收到了我妈妈给我的最长的回信。

她说她爱我。（天啊，这是我第一次听到！）她很对不起我，她不知道那些在她看来很小的事情会给我很大的伤害。她还在回信中述说了她的痛苦、她对于母女关系的渴望。这是冰山融化的开始，从那之后的 7 年，我和我妈妈的关系渐渐融洽，其间经历了很长时间的磨合和探索。我跟她探讨过我们母女之间的关系，她和我爸爸之间的关系，我的恋爱关系，我对家庭的思考，我鼓励她跑马拉松，甚至陪她去比赛，也支持她跳广场舞，陪她看病等。

最令我惊喜的事情是，2021 年，我妈妈跟我说：**"谢谢你教会我做自己。"**那一瞬间，我热泪盈眶。

起初，我不敢谈恋爱，等我开始谈恋爱时，我却把时间花在追逐别人上，喜欢别人的过程令我感觉自己还活着，我太渴望别人的关注和爱了，这会让我觉得自己很值得被爱，所以我没有一次恋爱超过一年。直到 2019 年，我发现我对爱的渴望是：**希望通过别人爱我来证明我是值得被爱的。**于是，我有很长一段时间没有恋爱，也没有约会。2021 年我才重新开始约会，我希望能找到发展长期关系的对象，但都失败了。2021 年年底，我和我的朋友成为伴侣，说实话，我从来没想过我们会成为伴侣，但与他在一起的两年，我感觉我整个人都很幸福。

我们学习如何处理与金钱的关系；我们学习如何面对一方想分享、另一方却不想的时刻；我们学习如何表达自己的需要，也满足对方的需要；我们学习一起购置家居和照顾流浪猫；我们学习如何增进亲密关系，我们也学习和重构自己对于婚姻的理解和认知。我们是伴侣，也是知己。我第一次在饱满的爱里，同时获得安全感。

以爱为前提，智慧、坚韧、勇敢地过一生，是我们共同定下的原则。

我是完整的，身心灵不可割裂

2024 年，对我来说是全新的一年，我从心灵开始走向对身体的关注和支持，从不运动的我开始每天拉伸、练瑜伽；开始关注饮食，发现自己几点吃饭更舒服，发现自己吃到几分饱最舒服，发现自己吃什么没那么容易打嗝……

用外在的体验重构自己，从内在的觉察清理自己，我觉得人的一生就是螺旋式上升的修行之旅。 工作、关系、生活都是映照自己状态的镜子，而我们要做的是：不偏执，相信自己的弹性，相信凡事必有 4 种解决方案。

人际关系必修课

铭记初心使命，打造卓越团队，争创一流企业

■ 韩圣竹

企业管理实践者

2022年5月4日，我踏上了三明这片充满活力的红土地，走进了中国电信三明分公司。那一刻，我深感责任重大，使命光荣。我告诉自己，要扎根于这片土地，恪尽职守，团结队伍，带领干部、职工持续奋斗，不辜负组织的信任与重托。

当天下午，我参观了三明市博物馆，深入了解了这座城市的变迁历程。这里曾是中央苏区的核心区域，也是老工业基地。我在雕塑《风展红旗，如画三明》前驻足沉思，思考着如何打造卓越团队，争创世界一流企业。

带着这份初心，我一直在思考创一流业绩与强组织能力兼顾的管理方法。 得益于林健老师的指导，几年前我就初涉 DISC 行为风格理论。2023 年 8 月 5 日，我又参加了任博老师人际关系必修课线下工作坊授权讲师认证项目，进一步掌握 DISC 行为风格理论知识，为践行初心使命进一步夯实专业化管理根基。

发挥 I 特质，强化初心使命，凝聚思想力量

中国电信始终秉承"人民邮电为人民"的服务理念、"用户至上，用心服务"的服务宗旨，以建设网络强国、数字中国和维护网信安全，成为领先的综合智能信息服务商为使命。**为了实现这一使命，企业需要强化自身的文化引领和榜样引领，凝聚员工的思想力量，激发员工的情感能量。**

1. 高擎 I 特质，突出红色精神引领

红色精神在三明源远流长，我注重发挥红色文化资源独特的思想引领作用。公司党委多次组织广大党员干部前往宁化长征精神教育基

地、建宁县中央苏区反"围剿"纪念馆等开展主题党日活动，通过现场教学，感受革命先烈为了人民利益而献身的精神，让苏区精神、长征精神、红色电信精神融入员工精神血脉。同时，还通过集体学习《闽山闽水物华新——习近平福建足迹》《习近平在福建》等书，参观中国电信博物馆和参加数字中国建设峰会等多种形式，深入了解中国电信福建公司全程参与"数字福建"建设的历程，增强"建设网络强国、数字中国和维护网信安全的国家队和主力军"以及"领先的综合智能信息服务商"的自豪感、使命感和责任感，凝聚广泛共识，形成内在精神动力。

2. 激发C和S特质，强化工匠文化引领

文化是最持久、最深厚的力量。 在"团结奋斗，建功新时代"活动中，2023年年初，我们与福建省三钢集团深入开展共建。我们三明电信的干部职工走进三钢，参观铁水奔流生产线，聆听三钢退休职工陈清渊老同志讲述他和三钢艰苦创业的故事，实地感受钢铁工人创业的苦难与辉煌。参观后，大家认为要将三钢"闻鸡起舞、闻风而动、闻过则喜"的精神和我们倡导的"精耕细作、精益求精、精打细算"工匠文化要求巧妙结合，并将其作为团队提质增效的强大力量源泉。

3. 发扬D特质，追求卓越，塑造引领榜样

我们注重评选和宣传具有代表性的先进人物，让身边的榜样处处可见。 公司内部开展各种评优、评先活动，先后选出优秀党员、优秀团员、劳动模范、"最美电信人"、"服务明星"、"百人先锋团"等130多名先进典型，还培育了多位省市级"五一劳动奖章""青年岗

位能手""通信标兵",让每个专业线都有了自己的榜样。同时,我们加强对先进典型事迹的宣传报道,传播好声音、传递正能量,让身边的榜样成为引领员工追求卓越的前进动力。

统筹 DISC,铸造核心"三力",打造卓越团队

在企业不断发展的过程中,我格外注重铸造核心"三力",即硬实力、软实力和巧实力,打造卓越团队,以实现企业的可持续发展。

1. 强化 D、C 特质,持续增强硬实力

中国电信作为国内唯一拥有固定通信、移动通信、卫星通信"天地一体"网络的电信运营商,硬实力是实现网络领先和成为云服务国家队的根基。

发挥 D 特质,增强全员学习能力。我们推动学习型企业建设,设立"天翼大讲堂",邀请各级管理、技术、业务专家,分享新技术、新业务的最新实践成果;组织开展各专业线训战赛和岗位练功比赛,鼓励员工参加各种行业竞赛和技术比武,员工积极参加"绽放杯""光华杯""海西杯"等应用创新比赛、省市级网络安全攻防演练、QC 小组活动等,提升员工实践能力和服务社会的能力。2022 年以来,我司获得省级以上个人、团体奖项 17 个,市级以上奖项 72 个。

发挥 C 特质,强化网络保障能力。作为市应急管理局唯一的应急通信保障运营商,2022 年以来,我司先后圆满完成了全国乡村建设工作会、第十七届海峡两岸(三明)林业博览会、三明市"两会"等会议的重要通信保障,成为三明地方首选通信服务保障品牌。在

2023年7月台风"杜苏芮"过境期间，我带领团队，全力保障市应急管理局防汛抗台工作，圆满完成全市150多个视频会议终端的联调，并协助调度省、市、县、乡等20多场次的视频会议，赢得省委领导和市委市政府的充分肯定。

2. 着力激发 I、S 特质，用心培育软实力

通过提升思想引领力、群众组织力和社会号召力，为企业长期发展培育软实力。

在思想引领力方面，我们注重基层党建工作。通过党支部"一部一品""党建翼联"等活动，强化党员干部的思想引领作用，如沙县分公司党支部与俞邦村党支部签订党建翼联协议，共同开展"我在俞邦有亩田"活动，党员干部认筹认种抛荒地25.9亩，以实际行动投身乡村振兴工作，赢得好评。

在群众组织力方面，我们注重增强社会责任，服务社会。我们与市直机关党工委、团市委和居委会等密切合作，2022年以来，共开展各项志愿服务活动89场次，累计参与献血人数达171人次，献血总量超过15000毫升。电信"红马夹"成为三明市的一道靓丽风景线，我们的志愿者获得各级团体荣誉17次、个人荣誉59人次。同时，我们深入开展"两深入，两服务"活动，公司党委委员带队，深入基层一线调查研究，收集各类意见建议185条并清单化推动解决。

在社会号召力方面，我们注重新闻宣传的正面引导作用。对内，通过企业内部的OA信息新闻栏目、党群简报等，宣传企业和员工的先进事迹，凝聚力量；对外，与新闻媒体深入合作，讲好中国电信故事，提高品牌知名度，树立企业良好社会形象。2022年来，我司共计发布外部宣传报道259篇、短视频31个，共计阅读量超30万次。

通过提升思想引领力、群众组织力和社会号召力，为企业长期发展培育软实力。

3. 发挥 S 特质，着力提升巧实力

我们注重开放合作，进一步拓宽朋友圈，强调与合作伙伴优势互补，合作共赢，共同成长。我和同事积极加入 DISC＋社群、青年企业家协会、福建省数字经济促进会，与社群伙伴、企业家们共同探索新的业务模式和发展路径，不仅带来了新的业务机会，也拓宽了视野，更快地掌握市场变化，实现资源共享和优势互补，提高团队了应对"不确定"变化的软实力。

兼顾 DISC，构建"三型"品牌形象，争创一流企业

通过打造"服务型、科技型、安全型"企业品牌形象，持续提高中国电信的社会影响力、市场竞争力和品牌价值，成为客户信赖、技术领先、安全可靠、行业领先的一流企业是我的奋斗目标。

1. 构建服务型形象

筑牢服务基础。倾力打造可靠、可控、可信、安全领先的数字基础设施。我司在移动网络方面，实现市区、县城和乡镇 5G 网络连续覆盖；在千兆光网方面，率先实现千兆能力覆盖所有行政村；在数据中心方面，实现云网融合，两个数据中心实现容灾备份，互联网出口带宽达 1.6Tbps。

提升服务水平。持续开展"总经理抓服务"行动，以满意度提升为抓手，构建穿透一线的"客户说了算"服务评价体系。对内，做实装维、营业、客户经理触点规范动作，开展有线和无线网络质差整

治；对外，持续优化工作流程，精准处理投诉问题，关怀修复客户感知。2022年，我司荣获福建省通信运营商唯一的"全国通信行业用户满意企业"称号，用户综合满意度、移动网络和宽带网络客户满意度均排行业第一。

关注社会民生。 承接12345政务服务热线服务，2023年至今受理率100%，按时办结率99.88%，群众满意率99.79%。集中整治空中缆线"杂乱密"点位260处，发送公益短信560万余条。为企业提供宽带升千兆服务，费用优惠惠及5万家企业。在电信营业厅设立"爱心翼站"44个，开展爱心微讲堂96次，服务2000余人，三元营业厅爱心翼站被授予全国"最美工会户外劳动者服务站点"。

2. 构建科技型形象

注重科技创新和研发能力培育，积极推动数字化转型，加强"云网数智安一体化平台"等新一代信息技术的研发和应用。**一是发挥云网融合优势，赋能千行百业。** 推动数字技术与社会、经济、政务、医疗等深度融合，如：建设泰宁全省首个县域燃气安全管理平台，筑牢城市安全生命线；利用5G技术，实现三明市第一医院生态新城院区与广州中山医院远程超声会诊，助力三明医疗水平再上新台阶；完成尤溪县总医院和乡镇卫生所信息化上云，为医改提供可靠数据底座；建设市应急指挥管理平台，升级市、县政法市域治理平台等，助力治理体系、治理能力现代化。**二是运用信息化手段，助力乡村振兴发展。** 发挥数字乡村平台、视联网、天翼大喇叭、天翼智呼等新型产品作用，先后打造三元小蕉村、沙县俞邦村、泰宁朱口镇等多个"数字乡村"标杆，提高了村委工作效率。积极发挥中国电信"翼支付"平台优势，2023年联合政府、商家发放消费券95万元，带动消费约

780万元;在沙县俞邦村组织农特产品直播促销,15分钟带动消费3万余元;在"翼支付"平台设立沪明商城,2个月销售三明"绿都明品"特色农产品成交额超40万元。

3. 构建安全型形象

继2022年参加"闽盾-2022"网络安全大赛取得第三名,我司2023年参加三明市委网信办组织的"明网安-2023"网络安全实战攻防演练,斩获第一名;在党的二十大等重要时间段,主动为三明市、县两级重要网站无偿提供"云堤"安全防护。同时,我们积极发挥核心能力优势,先后组织技术专家团队深入各区县宣讲网信安全十多次,为全市超200余家单位提供专业服务,筑牢防范网络安全风险堤坝,成为三明市最懂网信安全的通信运营商。

人际关系必修课

面向未来的核心竞争力

■ 贺思洁

国际奢华酒店培训与发展总监
企业人才测评与职业发展导师
DISC 认证讲师

作为一个在国际酒店人才培训与发展领域深耕 10 年的探索者，我深信大脑的可塑性，即使先天的才能和资质、性格、兴趣各有不同，但人的基本能力是可以通过后天的努力来改变和提升的。

时代竞争力

20 世纪末，意大利神经科学家贾科莫·里佐拉蒂和他的同事发现了镜像神经元。当我们在观看他人做某个动作的时候，镜像神经元会发出与我们自己去做这个动作时一样的信息。我们做事的方式和学习他人做事的"经验"会促使神经突触的形态和功能发生较为持久的变化。这就是大脑的可塑性，它是我们习得技能与知识的方式之一。

然而，随着人工智能的应用与 ChatGPT 的问世，人们开始怀疑通过学习与努力培养起来的能力会被机器人轻而易举地超越。

2023 年的杭州亚运会涌现了很多"专业达人"，无人驾驶冰淇淋车、自动捕蚊机器人，它们在亚运村大显身手。其中，一位拥有 33 个自由度的"钢琴大师"机器人弹奏《梁祝》，既能精准演奏音乐，又能在表演过程中融入"仿人"的肢体动作，很是生动。遗憾的是，耳畔流淌的是准确的音高与节奏，但我的脑海中却始终难以浮现梁山伯与祝英台在梦中相遇告白的浪漫画面。站在一旁的观众不禁感叹："照这样的弹法，梁祝大可不必化蝶了。"

这个画面让我真切地感受到，**在同理心和表达情感方面，机器人几乎很难超越人类，更无法像人类一样去迭代和创造情感表达方式。**

在我的工作内容中，特别重要的一项是挖掘员工的天赋，释放他们的潜力，并有的放矢地通过培训、阅读、实践等学习途径对他们进行培养。在这个过程中，我见证了许多同事的发展和突破，从职场新人,到成为专家、建立团队,获得成就。**我深知能力的培养不是一蹴而就的,需要清晰的目标、坚毅的行动,同时,也还要顺应时代发展**。

正如麻省理工学院的经济学家大卫·奥托尔所说:"如果一项技能中只有技术,那就很有可能会被自动化。而如果它只需要同理心或灵活性,那么可以胜任的人也是要多少有多少,所以这样的职位的薪水也不会很高。只有将两者结合起来,才是有竞争力的。"

那么,你应该如何发展这些能力,塑造自己的稀缺性,在快速变迁的时代,让你的竞争力折旧率更低呢?

练就硬技能

打造自己的专业技术就好比塑造一个产品,你需要清晰的产品定位。采用优质的原材料,可以改良、更新以及不断进化的产品,才能完成它的使命,专业技术也是一样。我认为打造专业技术需要具备三项重要的认知。

1. 成长型思维

固定思维认为,才能是一成不变的,智商决定了人的一切。成长型思维则认为,天赋只是起点,人的才智通过锻炼可以提高,只要努力就可以做得更好。而你的思维将深远地影响你的生活方式,从而决定你是否可以达成目标,成为"你想成为的那个人"。

在被疫情裹挟的 2022 年,我选择利用工作之余的碎片化时间潜心备考研究生、攻读工商管理硕士学位。交织着疫情带来的焦虑,我需要同时跨越工作、学习、育儿三座大山。抱着"努力了才不后悔"

的态度，2023 年 6 月，我用一张研究生录取通知书让即将进入小学的女儿见证了妈妈的信条："你若披星戴月，终迎满眼霞光。"

2. 挖掘优势

有这样一个公式：天赋×投入＝优势。

如果你能锚定天赋，并投入相应的时间精力，往往能获得加速度，事半功倍。因为努力的方向比努力本身更重要。如果你对自身的天赋并不确定，推荐你使用全球顶级咨询与调研机构开发的盖洛普优势识别器，这是一款非常科学且具有公信力的测量工具，能帮助你挖掘内在潜质，为个人发展找到解决方案。

3. 深耕的勇气

在流量时代，浅尝辄止易，保持定力难。一万小时定律告诉我们，其实人人都可以成为专家，前提是得经历一万小时的锤炼。美国心理学家罗伯特·斯滕伯格曾说："人类的某项专长并不是固定的先天能力决定的，而是通过有目的的锻炼获得的。"

修炼软实力

如果人的能力是座冰山，冰山上面是显而易见的硬本领，那么冰山下面则是一个人走向成功的核心素养，即软实力，它才是个体独特性与稀缺性的根本。其中，社交智慧与情绪智力尤为重要，能把有限的硬本领放大若干倍，从而起到杠杆的作用。

1. 提升社交智慧

在人与人如此容易产生联系的时代，关系就是生产力。如何与身边的人和谐相处？对他人的影响和把握成了社交智慧的内核。我认为其中最为重要的底层逻辑之一是："让每一个人都觉得自己很重要。"

这听起来很难做到，但学习了DISC行为风格理论之后，我发现可以在理性分析与科学判断的基础之上，形成一套智慧的方法论。

DISC行为风格理论，从关注人和关注事、行动快与行动慢两个维度，把人大致分成了D、I、S、C四种类型。与别人互动的时候，用对方喜欢的方式对待他，更容易达到想要的效果。

如何让D型人觉得自己很重要？D型人重视效率和结果，与他沟通时直击重点，干脆利落，带着方案和结果让他做选择题；婉转地提醒他的错误，避免伤脸面。

如何让I型人觉得自己很重要？I型人在意声望，与之相处时给予热情的回应和足够的认可，让他有表达自我和展示魅力的舞台。

如何让S型人觉得自己很重要？S型人追求稳定、天性友善，得多给他一些关怀和包容，赞赏他先人后己的精神，同时保护他的利益。

如何让C型人觉得自己很重要？C型人注重细节、善于分析，沟通时要先让他表达，给他提供准确的数据，避免使用"可能""也许"等词。

2. 提升情绪智力

建立良好的人际关系，离不开情绪和智力的加持。它能帮助我们感知和控制自己的情绪，同时理解和管理他人的情绪，并用恰当的方式回应对方的需求，从而促进人际关系的和谐发展。

目前我就职的酒店，每年都需要接受全球最具声誉和影响力的星评机构——福布斯旅游指南的审核与评定。酒店每日的运营需执行超过 500 条严苛标准，而每一项标准无一不围绕着"关注客户的需求"展开。这需要我们的员工在具备硬技能的同时，兼具极强的情绪智力，调用洞察力与同理心，对客户的潜在需求做出积极回应。

在我身边曾发生过这样一个故事。来自美国的威廉夫妇决定来成都度过 50 年金婚纪念日。接待这对夫妇的酒店员工得知消息后，为他们预订了酒店的餐厅，并精心布置了一番。在纪念日当天傍晚，威廉夫妇来到餐厅落座后，夫人突然伤感起来，禁不住流下了眼泪。威廉先生手足无措地急忙问："为什么哭了？"夫人指着餐桌上的刀叉说道："我们结婚 50 年以来，这是你第一次帮我把刀叉对调了位置。"威廉先生仍然一脸茫然，扭头看见不远处的服务员正对着他们微笑。原来，在办理酒店入住手续、签登记卡的时候，酒店员工发现了威廉太太是"左撇子"，于是在布置餐桌时，提前将她的餐刀放在左侧，餐叉放在了右侧。这就是同理心与洞察力的力量，为一个金婚纪念日烙下了深刻而有温度的烙印。后来，威廉夫妇旅行结束回到美国后，为酒店带来了 200 万元的生意，因为他们经营着一家国际旅行社。

待客的情绪智力是品牌及服务差异化的原动力，就像空乘的笑容与飞机的安全公报同等重要一样。我推荐用 CREAM 法则提升情绪智力，这也是我一直在使用的方法。它就像蛋糕上的奶油，包容且能带给人欢喜。

C（Cognition）觉知：觉察情绪，调整心态。你可以通过心跳的变化、身体的反应来觉察自己的情绪，用深呼吸激发副交感神经的活动，用自我暗示等方法去合理化解我们的情绪。

R（Reciprocity）互惠：己所不欲，勿施于人。快乐是会传染的，而情绪也是会影响他人的。如果情绪低落，可以选择独处，不妨给自己放个假，静静待一会儿。

E（Empathy）同理心：理解他人的感受与情绪。多伦多大学的雷蒙德·马尔教授指出，阅读文学作品，尤其是小说，是培养同理心的方法之一。长期阅读的人，在解读他人心理活动的测试中表现得更为突出，小说阅读量越大的人越擅长观察人心。

A（Acceptance）接纳：承认情绪的存在。看清它，再无条件地接纳它。

M（Management）管理：关注我们能够管理与掌控的部分，试着做出改变。对于无法控制的部分，积极地向家人、朋友、工作伙伴、导师，甚至专业的咨询师寻求帮助，他们都可以成为我们的依托。另外，有研究发现长期冥想训练，有助于提高情绪控制力。

结语

不管我们身处什么样的行业、扮演什么样的角色，未来的职场对人才的要求，会逐渐向"硬技能决定下限，软实力决定上限"的生态演变。向内看，修内功，才能让自己不可替代。

愿你在这个充满不确定性的时代，仍然愿意做一名攀登者，有勇气用硬技能与软实力去丈量每一座山峰。

向内看，修内功，才能让自己不可替代。

人际关系必修课

打造视频号生态，找到流量入口

■ 黄炜铭

视频号百准学堂合伙人
广视商盟联合创始人
乌视商盟创始人

2020 年 4 月的一天，微信突然多了一个功能：在发现页的朋友圈按钮下，多了一个视频号的按钮。很幸运，我作为视频号灰度内测的第一批号主，参与了内测。也正是因为这份幸运，我在 33 岁的时候开启了新的征程。

我深知圈子的重要性，因此去了九个城市：石家庄、海口、青岛、无锡、昆山、杭州、重庆、义乌、武汉。从一个门外汉，慢慢积攒经验，于 2023 年 9 月 1 日挤进了广州微信总部园区，名正言顺地做了百准学堂的合伙人。接下来，我想把我的心得分享给你，可能会对你的视频号掘金之旅有些实质性的帮助。

我在视频号生态推进的过程中，构建了一个共识性组织，叫视频号商业联盟，简称为视商盟。目前，我在义乌的乌视商盟构建了日用百货品商业联盟，联合发起并参与的都是一群卖日用品百货的商家。

在当下的营商环境中，变化时刻都在发生。对于想要通过拥抱视频号来变现这件事，我是这么看待的：**创业对于个人来说，赚钱是小概率事件，赔钱才是大概率事件。首先，在投入资金做一件事情之前，你要判断这件事你想不想做、能不能做。**如果这件事只能偷偷摸摸地去做，那就不要做。需要偷偷摸摸去做的事情，不一定是法律法规不允许你做，而是你内心的心门无法完全打开，导致你无法自如地面对镜头。因此，如果你现在的个人发展或者企业发展必须要借助视频号，才能被更多的人看见，那么你一定要正大光明地去做，敞开自己的心门。**其次，你一定要重视被看见的力量。**我们所有的努力如果不能被更多的人看见，那么再多的努力都是白费的。比如不善于写作的我，为了被你看见，即便文笔再生涩，即便把自己最弱小的一面展现在你面前,即便出丑,我也一定要认真写完这篇文章。换个视角,只有狠人才配出丑,弱者都害怕出丑,不是吗?出丑是我们要学会去经历的一个过程,为什么?因为出丑其实是在成长,一个人想强大,必须学会出丑。如果你觉得你的面子很重要、不愿意出丑、害怕丢人现眼的话,你就错了。面子是这个世界上最不重要的东西,你出的丑越多,获得的成长就越大,能够体会到的人生滋味就越多,能够想开的事情就越多,所以为什么不大胆一点呢?不要在意任何人的看法,做你自己,后果自己承担。

有了这些心态上的准备,我再展开说一下我是怎么理解微信视频号的。对于手机里的 App,我唯一不敢卸载的就是微信,因为我发现**我所有的社会关系都需要靠它来维系,微信是我的社会关系的总和**。如果手机里只能留一个 App,我会选微信,你跟我的答案一样吗?另外,在社交这个维度,很多人第一次见面,都会说:"我们加个微信呗?"视频号依托于微信,不仅仅是社交的一个重要工具,更是腾讯的第三次战略飞升。腾讯的第一次战略飞升是因为 QQ,这个聊天工具的注册量高达 9 亿次;第二次战略飞升是通过微信这个新工具,让腾讯继续坐稳社交 App 领域的头把交椅,总用户量高达 13 亿,成为国民级的应用程序;第三次战略飞升则是视频号,作为"全'鹅厂'的希望",视频号帮助每个人记录真实生活。所以,送给你一句话:**"做微信视频号,请不要在低谷的时候离开,也不要在高峰时慕名而来,此时你来刚刚好**!"

对于任何一个想利用微信视频号来掘金的人,我都友情提醒:对于绝对力量,需要保持敬畏之心。看到了视频号有微信的庞大流量作为支撑,我们就应该明白:微信视频号带有一个人人可为、无限裂变、即刻变现的属性,所以它终将成为一个大"爆品"。在视频号的

17个流量入口没有被大多数人完全了解之前，先进来探索的人有机会享受这个新赛道的红利，这或许是大家一直在寻找的新流量入口！

纵观互联网平台的发展轨迹，只有微信视频号的生态可以真正将线上、线下协同起来，因为它可以做到将实时地理位置公开、进行实名交易和呈现真实社交场景，而这一切都是在用创新的方式来延续满足老用户的老需求。看到这里，你是不是也想下场一探究竟？那就请你做好"学×习＝结果"的准备，实际操作比任何方法论都重要。视频号不怕做错，就怕错过！

微信视频号带有一个人人可为、无限裂变、即刻变现的属性,所以它终将成为一个大"爆品"。

人际关系必修课

不负时光,不负青春
——一个低学历女生的逆袭之路

■ 家红

天赋优势创富教练
闺蜜逆袭俱乐部发起人
家庭智能与自然健康生活倡导者

我是家红,"85 后",一个普通女生。

接下来,我将和大家分享我如何从一个只有初中学历的女生,先后去几家公司担任高管,后来自己创业,深耕家庭教育和财商教育。

曾经看过一句话:"你用尽了全力拼搏的人生只不过是别人再普通不过的生活。"

我对这句话深有感触,因为我就是一直在拼搏。只有努力拼搏后,你才会真正感恩一切,努力拼搏给予你生活的勇气与希望,也会让你养成拼搏的品质与积极向上的生活态度。

我很喜欢《风雨哈佛路》这部电影,它讲述主人公凭借努力最终走进哈佛大学的故事。这部电影是我在一路努力与学习中的灯塔。

这部电影的主人公丽兹一直激励着我,用自己的双手去努力打拼,去追求更好的生活。命运掌握在我们自己的手里,生活中的不幸,只不过是对我们的一种历练。只要努力拼搏,梦想终会实现。今天,我想和你分享我追逐梦想的经历。

我在读初中一年级时,就离开了学校,原因是母亲突然因意外离世。当时我接受不了,善良有爱、勤劳努力的母亲突然离开了这个世界。我才 11 岁,妹妹才 6 岁,她怎么忍心丢下我们。看着 6 岁的妹妹,我只能从悲痛中找到勇气去面对现实。我要努力生活,我不能辜负母亲,我要做一个对社会有用的人,我要照顾好妹妹,我要让天上的母亲以我为荣。

我的第一份工作是做服务员,工资是每月 200 元,后来涨到 600 元。我一边上班,一边陪着妹妹长大。这个过程中,我一直坚持阅读、练字,在家附近找可以学习的地方,还找到了学电脑的地方。后来,我认识了一个同学,跟着她踏上了前往广东的打工之路。

来到中山后，我们带的钱并不多，必须马上解决吃住问题，我们俩就一起进了一个大型台湾工厂。工厂内有几万名员工，管理非常严格，每个工人就是一个螺丝钉。

我每天在流水线上做着同样的工作，听着机器的轰鸣声、主管的责骂声，发现自己离梦想越来越远，羡慕那些坐在办公室里的管理人员。我不甘心一直做流水线工人，思考如何改变现状。唯一的出路就是先学习，可工厂每天晚上10点下班，到宿舍都11点多了，第二天早上7点就要起床，然后是吃早餐、参加早训，开始一天的工作，我基本没有任何时间可以学习。

一次偶然的机会，跟我一起来中山的同学的表哥到深圳的一家制衣厂上班，可以介绍我俩去深圳工作，我就去了。当时我只有一个目的，找一个能让我有时间去学习的岗位。我当时对学习的欲望真的很强，主要是因为自己太想改变现状了。我找到了一个负责后勤管理的岗位，工作比较清闲，只是收入比以前少了。上班后的一周，我就在附近找了学电脑的培训机构，继续学电脑。我每天晚上7点或8点下班，然后学电脑到12点回家。

就这样，我一边上班，一边阅读，一边学电脑，这样的生活很充实。其间，行政部的一位文员离职了，总监知道我一直坚持学习，就让我直接去做行政办公室文员。当时我还有点不敢相信，内心无比激动，这不是自己一直想要的岗位吗？就这样，我终于拥有了办公电脑与办公室。我非常珍惜这次机会，很努力地工作，也不忘学习技能，积极帮助同事。

虽然办公室的工作只不过是别人的起点，但于我而言，它却是对我不懈努力的一次褒奖，让我相信，命运掌握在我自己手中。

不管我们的起点有多低，永远不要忘了自己的梦想与目标。

不管我们的起点有多低，永远不要忘了自己的梦想与目标。

我在办公室文员的岗位上工作了一年的时间，后来又去了公司的对外部门，接受新的挑战。我希望我能走上管理岗位，为公司贡献自己的力量。

为了弥补我的学历与我自身能力的不足，我报考成人大专、学习管理知识。

经过3年时间，我顺利申请自考大专毕业，自考大专学历拿到手后，我又用2年时间拿到了自考本科学历。同时我在职业经理人平台继续学习中层管理、高层管理、项目管理、时间管理等内容，不断提升自己。

就这样，我在职场上一路高歌，从文员到主管，从主管到经理，再从经理到总监，最后成为总经理办公室特助，工作的公司越来越大，负责的部门越来越多。

特别感谢我前进道路上的上司和同事，感谢你们对我的信任，感谢你们对我的引导，感谢你们在工作中对我的帮助，让我完成了一项又一项工作任务，获得一项又一项战胜挑战的能力。

到了30岁的时候，我有了一些焦虑，因为忙碌的工作与我的家庭生活相冲突。 我到底要什么呢？我重新思考自己的人生，我这一生到底需要什么呢？职场妈妈如何平衡自己的工作与生活呢？其实所有的职场妈妈都在思考这个问题。

有没有一项工作，又可以学习，又可以陪伴好孩子和家人呢？在一个课堂上，我认识了爱学习的好朋友，她推荐我学习家庭教育，一直在职场打拼的我，没有学过家庭教育，也有很多教育困惑。在学的过程，我才发现原来我不是一个好妈妈，因为自己的事业忽略了家庭。**我的事业再成功，但我的家庭不幸福，那又有什么意义呢？**

我开始走上家庭教育学习之路,学过心理沙盘、生命数字密码、家庭关系、NLP教练、DISC行为风格理论及升学规划等,还拿到了不少证书。

我从未停止过学习,并且用自己所学帮助别人,在帮助别人的路上,我感觉很有意义。孩子渐渐长大,我不想再错过他成长的每一天。

我想陪伴孩子,又想帮助别人,还想有一份收入,就与好朋友创办了自己的教育公司,希望影响更多家庭重视亲子关系,重视家庭教育,用自己的行动与能量去帮助更多的妈妈。

做教育陪伴的过程中,我的最大的感受是,**成年人真的很难改变,只能慢慢地影响**。在我们的影响下,很多家庭发生了很大的转变,全家人的幸福感提升了,家长不再焦虑与痛苦,孩子更加有学习动力。

在教育陪伴的过程中,我发现有更多家庭既不懂家庭教育知识,又不懂财商知识。父母为了生活而拼命奔波,没有办法用心陪伴孩子,处理好家庭关系。于是我学习房产投资、债券投资、理财规划、家庭的风险防范等相关知识,学习如何构建家庭的多管道收入。

这些年,我付费80万元学习,成为专业的理财规划师、家庭财务规划师、天赋解读师、个人成长陪伴教练。接下来,我会继续陪伴更多的家庭,还会攻读硕士学位,经营我的"闺蜜逆袭俱乐部",让更多像我这样的普通人能被看见,能有人陪伴,获得成长,经营好家庭。

原来生命这么美好,原来陪伴是这么有意义。

感谢信任我的朋友,我们彼此的陪伴,让我的生命更有意义。

原来生命这么美好，原来陪伴是这么有意义。

感谢我的教育搭档,也是我生活中的好闺蜜,你为了学习投入了300多万元的学费,也引领着我一起学习,带领我见证更多的生命成长。

一路走来,有苦也有甜,未来我的路还很长,我希望服务更多家庭,为社会做更多有意义、有价值的事情。

我不会再为我的起点低而感到自卑,只会更加珍惜眼前的一切。 不管你正处在哪个阶段,当下的生活有多么不顺利,希望你调整方向,不忘初心,为自己的人生目标奋斗!让我们一起过更有意义、更精彩的生活。

人际关系必修课

银行厅堂服务人员如何提升业绩？

■ 李亚

深耕金融行业 27 年
高级培训师
高级理财规划师

精准识别客户的行为风格可以帮助银行厅堂服务人员更好地了解客户、提供个性化的服务、建立信任、提升亲和力，进而增加销售机会，提高客户满意度和忠诚度。

四种行为风格的厅堂表现

一位客户来到厅堂，我们能够获得的信息通常为衣着、表情（眼神或目光）、行为、语言特征、走向银行大厅的区域这几个方面。通过对这几条信息的解读能够快速初步判断客户属于哪种行为风格或者当下处于哪种风格。

1. D型客户特征

衣着：D型客户来办理银行业务时，通常喜欢穿商务休闲或正式、专业的服装，注重外表的整洁，给人以有力的形象。戴表盘较大的手表也是D型客户喜欢干的事。

表情：D型客户的表情特点通常为自信、坚定，显露出决断力和领导力；目光锐利、有力，展现出自信和决策能力。

行为：D型客户做事迅速、果断，喜欢掌控和领导别人，倾向于快速采取行动，来到银行厅堂行走速度较快，肢体动作表现得较为有力，动作幅度较大。

语言特征：D型客户说话通常直接、坦率，强调结果和目标，注重事实和逻辑，声音洪亮，喜欢说"必须""马上"等词语，大量使用祈使句。

走向银行大厅的区域：D型客户可能会径直走向银行大厅中的柜台区域，因为他们喜欢快速解决问题并迅速采取行动。

2. I 型客户特征

衣着：I型客户通常喜欢穿时尚、个性化的服装,注重外表,喜欢与众不同。

表情：I型客户热情、开朗,总是面带笑容,目光友好、热切,眼神中透露出好奇,展现出社交能力。I型客户的目光容易被热闹喧哗的区域吸引,来到银行厅堂时,面部表情是丰富多变的。

行为：I型客户通常外向、活跃,喜欢与人交流。走路带风,手势夸张、活泼,身体语言丰富,给人活力和热情的感觉。

语言特征：I型客户倾向于表达自己的情感和情绪,善于与他人建立联系和开展交流,经常使用夸张的语气,语速较快,喜欢用"巨""超""太""最"等词。

走向银行大厅的区域：I型客户可能会走向人多的地方,如银行大厅中的等待区域或咨询台,因为他们喜欢与他人交流和建立社交关系。

3. S 型客户特征

衣着：S型客户通常喜欢穿较为大众化的不特殊、不会引起别人注意的服装,注重穿着的舒适度和保守性。

表情：S型客户总是面带微笑,给人一种友好和安心的感觉。S型客户的目光温和、安静,眼神中透露出耐心和关注。刚来到银行厅堂时,S型客户有时会表现得迷茫或无助。

行为：S型客户在陌生环境中显得局促,来到银行厅堂会小心观望,探寻是否有熟悉的人或机器设备,寻求安全感,有时显得手足无措。S型客户内心希望与他人合作和建立稳定的关系,倾向于保持平稳，所以他们的行动较为缓慢，常常会找人陪同前往银行办理业务。

语言特征：S型客户的语气通常很温和，说话的音量较小，在表达诉求时会进行铺垫，喜欢说"对不起""不好意思""您说得对""我也是"等。

走向银行大厅的区域：S型客户可能会走向银行大厅中的咨询台或等待区域，因为他们通常希望有人能够帮助引导自己办理业务和获得他人的支持。

4. C型客户特征

衣着：C型客户通常喜欢穿简单、实用的服装，注重穿着的功能性和实用性。

表情：C型客户总是面无表情，给人一种理智和专注的感觉。C型客户的目光专注，来到银行厅堂通常会先环顾四周，挖掘细节。

行为：C型客户谨慎、有条理，喜欢独自完成任务和进行深入的研究，倾向于保持冷静和理性，行动时喜欢与他人保持距离。

语言特征：C型客户说话注重事实和逻辑，语速较慢，喜欢问"为什么"，倾向于说"因为""所以"等表示逻辑的词。

走向银行大厅的区域：C型客户可能会径直走向银行大厅中的叫号机或理财室，取号后会仔细分析叫号单上的信息，判断是去等待区域还是走到电子屏前看金融信息，他们喜欢深入研究和分析问题，需要更多的时间和空间来思考。

个性化服务

不同类型的客户有不同的需求和偏好，精准识别客户的行为风格可以帮助银行厅堂服务人员了解客户的个性特点，从而提供更符合客户需求的个性化服务。

对于 D 型客户，银行厅堂服务人员需要提供快速解决问题的方案，例如礼貌询问对方办理什么业务，并恭敬地引导其至取号机取号，帮其解读叫号单上的重点信息，例如前面排队的人数和需要等候的时长，带领其到离柜台最近的等候区入座。（小技巧：告知等候的时长要比实际时长略长，降低其期待值，便于提升 D 型客户对交付效果的评价。）

对于 I 型客户，银行厅堂服务人员可以表现得更为热情和有活力，表达见到 I 型客户的愉快心情，适时夸赞对方的着装或妆容，取号后引导其至等待人群较密集的区域入座，可以告诉他在哪个区域自拍最好看。

对于 S 型客户，银行厅堂服务人员要提供温和而耐心的指导，询问其诉求，帮助其完成取号后，要告知其业务办理的流程并帮助其检查办理业务所需的证件及资料，为 S 型客户建立安全感；提醒 S 型客户关注叫号机叫号，安排其到不引人注意且视线可以看到银行厅堂服务人员的座位入座，满足 S 型客户对安全感的需求。

对于 C 型客户，要给予其足够的空间和时间，C 型客户会独立取号、判断等候时长、寻找合适的座位，不打扰是最好的服务 C 型客户的方式。C 型客户如有困惑，会主动找到银行厅堂服务人员咨询，此时银行厅堂服务人员可以提供详细和准确的解释。

增加销售机会，提升推荐效果

了解客户的行为风格可以帮助银行厅堂服务人员更准确地把握客

户的购买偏好和决策方式。面对不同类型的客户，可以针对性地提供产品和推荐服务，从而提高销售效果。

对于 D 型客户，银行厅堂服务人员可以强调产品的效能和实用性，提供几个短时间内可获得收益的产品让其选择，给 D 型客户控制权，让他们享受做决定的快感。少说废话，直接介绍收益及产品优势，他们会快速决定是否购买。

对于 I 型客户，银行厅堂服务人员可以强调产品的独特性和社交影响力；展示宣传折页和个性化银行卡样品，夸赞他们眼光独特，选中的产品人气很高。营造欢愉祥和的气氛，更容易促成 I 型客户购买。

对于 S 型客户，银行厅堂服务人员可以强调产品的稳定性和可靠性，强调产品对其家庭或家人的积极影响。

对于 C 型客户，银行厅堂服务人员要尽量让对方说出对哪个产品更感兴趣，因为他们可能在厅堂等待时，已经阅读过电子屏上的金融信息或宣传折页上的内容，内心已经做了选择。听取 C 型客户的想法后，银行厅堂服务人员要肯定他们的眼光和专业，如果他们对产品有疑问，要给出专业的解读，用充分的数据和信息强调产品的优势。

通过准确地识别客户的行为风格，银行厅堂服务人员可以更好地理解客户的行为和特征，从而更有效地与客户建立联系和沟通，使客户感到被理解和重视，增强客户对银行的黏性，使其放心地与银行开展合作，达到通过精准服务提升业绩的效果。

了解客户的行为风格可以帮助银行厅堂服务人员更准确地把握客户的购买偏好和决策方式。

人际关系必修课

用专业服务构建我在保险服务赛道的"护城河"

■ 李耀

DISC＋社群联合创始人
中高端客户财务风险管理定制专家
家财有道风险管理事务所联合创始人

用专业服务构建我在保险服务赛道的"护城河"

我是李耀，一位来自福州的家庭保险专家，已为 300 多个家庭提供专业保险服务。

生活就像是一次考试，我们永远无法预测下一道题目是什么。 保险行业在这三年内发生了翻天覆地的变化，从业人员减少到现在的约 300 万人。

如果要用一个词来形容过去的三年，我会用"坚持"这个词。过去的三年，虽然充满了艰辛，但是我始终相信，未来属于那些踏实做事、用心服务并把握时代机遇的人，美好生活属于我们这群对未来有所期待且从不放弃的人。

2016 年，我就在微信上初步了解了 DISC 行为风格理论，2019 年 12 月，我在我的贵人、导师林健老师的推荐下，参加了 DISC 人际关系必修课训练营之后，我发现 DISC 行为风格理论可以在保险服务领域应用。2023 年 8 月 5 日至 6 日，我又在福州参加了任博老师主讲人际关系必修课线下工作坊授权讲师认证项目，进一步掌握如何借助数字化平台赋能个人职业发展。

在保险行业耕耘 10 年，我发现其实客户排斥的不是保险本身，而是向他们介绍保险的人。

我的 C 特质和 S 特质都高，是一位复合型专家人才。我一直在思考，我要如何把自己的特质运用好，为我的保险事业服务。所以，在 2020 年，我一直在问自己以下几个问题。

激发 D 特质：抓目标，未来我的发展重心在哪里？

10 年前，当我初次步入保险行业时，听到过这样一句话："一人未来属于那些踏实做事、用心服务并把握时代机遇的人,美好生活属于我们这群对未来有所期待且从不放弃的人。

做保险,全家不要脸。"为什么会有这样的声音呢?我认为最主要的原因是:10年前的保险行业从业人员往往学历不高,仅经过新人培训就直接销售保险,他们只会说公司教给他们的话术,没有掌握专业保险知识。因此,当客户需要理赔时,才发现要么是对接的保险销售人员找不到了,要么是受保险销售人员误导错买了保险产品,这使得保险行业的口碑非常差。

现在,购买保险的主力人群已经是"80后""90后"甚至是"00后",过去的销售模式还能行得通吗?

我认为是行不通的,因为互联网彻底颠覆了保险产品的销售模式。在互联网上,我们可以获取到大量的信息,所以现在很多"80后""90后""00后"都选择直接在网上购买保险。

保险从业人员面临的挑战是非常大的,最大的挑战是如何获取客户。 在过去的几年里,我一直思考着如何精准获取客户,并树立起竞争优势。

直到3年前,我发现现在购买保险的年轻人,有80%以上是亚健康人群。亚健康人群购买保险,最大的问题就是健康告知部分。业内认为:做好健康告知,就是为未来可能发生的理赔打好基础。因此,我花了两年时间,付出了金钱、时间和精力,跟随专业人士,不断专注学习,并在保险的投核保模块上建立了自己的竞争优势。

一位"95后"的乙肝小三阳男性客户在互联网上购买重疾险时,被延期了。后来他通过互联网找到了我,我经过专业梳理,成功为他投保了重疾险。过去两年里,我协助了多位"80后"女性客户(患有乳腺结节)通过定向的投保前复查,最终成功实现重疾险标准体承保等等。

这三年来,我遇到了太多类似的案例,也正是因为这些经验,我在健康险领域建立了自己的专业竞争优势。

发力 I 特质：保险代理人这么多，客户为什么选择我？

作为一位有着 10 年从业经验的家庭保险管家，我觉得客户选择向我购买保险有以下几个原因：

专业知识和经验：我拥有丰富的保险行业知识和专业经验，全面了解各种保险产品、条款和市场趋势。我可以根据客户家庭的实际需求和风险状况，为他们提供个性化的保险解决方案，并给予专业建议和指导。

广泛的保险选择：作为独立的家庭保险管家，我与 150 余家知名保险公司建立了长期的合作关系。这意味着我能够为客户提供广泛的保险选择，帮助他们比较不同保险公司的产品和条件，选择最适合他们的保险方案。

保护客户利益：作为买方代表，我的首要任务是保护客户的利益。我会倾听客户的需求和关注点，对比不同保险产品的利弊，确保客户购买到适合他们的保险，为他们争取到最优的承保条件，并提供后期专业的协助理赔服务。客户无论是购买保险、办理理赔还是处理保险问题，我都会提供全程支持，并积极解答客户的疑问和需求。

建立长期合作伙伴关系：我希望与客户建立长期的合作伙伴关系，而不仅仅是一次性的交易。我为客户提供一年一次的家庭保单年检服务，提供保险咨询和更新建议，确保他们的保险始终与他们的需求相匹配。

发挥 S 特质：善于从客户的角度出发去思考问题，为客户着想

作为一名家庭保险管家，我一直在思考除了保险我还能为客户提供什么价值？在与保险相关的服务中，与之最相关的就是对接医疗资源。

很多人都经历过大医院"看病难""就医难"的问题，特别是想去权威的医院看知名专家门诊更难。许多年轻人在大城市奋斗、攒钱，希望将来父母有就医需求时能享受优质医疗资源。然而，看病并不仅仅是花钱的问题。权威医院的专家号，即使是三个月内的，也很难抢到。那么，如何解决看病难的问题呢？

在 2022 年，我们联合健康管理服务商推出了"名医门诊绿通卡"。保险可以帮助解决看病贵的问题，而"名医门诊绿通卡"则可以帮助解决看病难的问题。

善用 C 特质：庖丁解牛，抓住关键问题进行思考

客户为什么不敢买保险？

我认为客户不敢购买保险可能有以下几个主要原因：

缺乏了解和信任： 保险对于一些客户来说，可能是一个陌生而复杂的领域，他们对保险产品和保险行业了解不足，缺乏对保险公司和保险代理人的信任。因为传统的保险代理人都是一上来就直接推荐产品，他们可能担心被误导或者遭受不公平的待遇。

不了解保险的重要性：由于缺乏对风险和意外事件的认知，一些客户可能没有意识到购买保险的重要性。他们可能觉得自己不会遇到意外，或者认为依靠个人储蓄就能应对所有风险，从而没有购买保险的动力。

错误的观念和误解：一些客户可能存在关于保险的错误观念和误解，认为保险公司不会履行赔付承诺，或者宣传中的保险条款太复杂难以理解。这些观念和误解可能导致客户不信任保险或对购买保险有疑虑。

针对以上问题，作为经验丰富的保险从业人员，我会通过以下方式尝试去解决：

提供专业知识、解除疑虑：积极与客户沟通，解答他们对保险的疑问，打消他们的购买顾虑，并提供相关的专业知识和案例分析，帮助客户了解保险的价值和重要性。

建立信任关系：通过诚信、透明和负责任的工作态度，树立良好的口碑和信誉，力求让客户对我和我所代理的保险业务产生信任感。

定制化方案：根据客户的具体需求和财务状况，提供个性化的保险解决方案。

经过梳理，我对自己未来的发展轨迹有了更清晰的认识，也加强了继续从事保险工作的信心。

2022年，我将自己近10年的从业经验进行了整理和归类，并精心打磨，正式推出"新保险人——个人品牌深度陪跑项目"，专门为保险从业人员提供服务。

3年前，我不知道客户在哪里；现在，有客户都会开玩笑地说："李耀，你现在是接不完转介绍的单子了。我一个做保险的朋友，她找客户都找得快发疯了。"

自 2021 年开始,在一些重要的节日,我的客户们会收到我送的美食。这些美食,都是由我妹妹手工制作的。送礼物并不在于贵重,而是在于表达心意。客户收到礼物和特殊服务时,都非常惊喜和感激。他们用"惊喜""震撼""你的服务是保险行业的顶峰""太用心了"等来表达他们的激动和感激之情。

这就是我的故事!一个曾经月收入只有 800 元的小伙子,成长为口碑好、赞誉多的家庭保险管家的故事。2022 年 5 月 17 日,我作为联合创始人参加了家财有道风险管理事务所的揭牌仪式。如今,33 岁的我,站在新的舞台上,愿意将保险作为修炼的道场,持续提升自我,为更多家庭提供量身定制的专属保险解决方案,成为新时代、新保险人的典范。

人际关系必修课

宝妈的社群成长之路

■ 凌冰心

集美荟美容创始人
悦嘉丽联合创始人
珠海百康医疗股东

女性在一生中有很多身份，是母亲，是妻子，是女儿；是温婉如玉的小女人，也是职场中奋勇拼搏的女将。我是集美荟美容的创始人，也是精英女性创业平台悦嘉丽联合创始人，还是一名 DISC 认证导师。2024 年是我持续创业的第 9 年！

10 年前，我是一个没有人生方向的人，也没有什么圈子，在众人面前说话都很胆怯。那时候，我每天的生活就是打麻将、逛街、玩电脑、追剧，我每天重复着一样的生活，感受不到人生的真正意义和价值。

2013 年 5 月 17 日，孩子的出生让我真正坚定了走出舒适区的决心，看着怀里的小肉团，我想我要成为孩子的榜样，不再过以前那种没有方向、没有目标的生活，我要教孩子树立正确的价值观、世界观、人生观，我要教孩子审美……一个没有梦想的妈妈带不出优秀的孩子，父母的言传身教对孩子的成长很重要。我挑起了母亲的担子，内心也因此变得更加坚强。

我选择社群美业创业是受了家人的影响。我的姐姐是一位慢性接触性皮炎患者，初中的时候长痤疮，去不专业的机构进行护理，导致皮肤过敏，又因为不恰当的护理，脸部皮肤反复出现问题。姐姐因为皮肤问题，每天自卑、焦虑，恐惧社交，不敢恋爱，严重到每天化浓妆才敢出门。看着姐姐面部的溃烂，心里的绝望和无助，我发誓要帮姐姐摆脱痛苦，重拾信心。

2013 年，社群电商方兴未艾，我决定进入美业，专研皮肤学，提出了"不用医美，不用药物"的调肤理念，推出了治疗新生儿湿疹、青少年痤疮、育龄女性黄褐斑、中老年斑、老年人瘙痒症、不正当护理导致的慢性接触性皮炎的方案，目的就是真正帮助所有皮肤病患者重新拥有健康皮肤。

然而创业并不容易，没有资源，没有人脉，没有经验，各种挫折不断，我一度想放弃，是"母亲"这个身份一直激励着我迎难而上！我坚信"越努力，越幸运"！

护肤行业是一个相对专业的行业，我抓住一切间隙去学习和提升自己的护肤知识，到全国各地参加护肤沙龙、培训，随身携带记录着护肤知识的笔记本，有空就拿出来翻看。专业知识提升了，我又报名学习 DISC 行为风格理论、领导力、演讲等。

勇往直前，你将收获惊喜。 我从零开始创业，自己也没有想到，我可以用两年的时间发展了 2000 多个经销商，服务全国各地的消费者，帮助上万名消费者解决了皮肤困扰问题，自己也成为护肤达人，2021 年荣膺悦嘉丽×时尚 COSMO2021 星耀盛典"年度最具影响力人物"称号！

作为一名社群电商创业者，我分享给大家一些创业经验。

定位人设

我们要对自己进行全面的梳理，明确自己的优点和劣势，塑造专业形象。别人信任你、对你有好感，才愿意与你合作，进而达成成交。比如我是美护博主、美业社群电商创业者，那我输出的所有内容都是围绕人设的，用户因此持续地关注我，基于对我的信任，用户需要时，就会第一时间向我下单购买我的商品。

个人形象

以貌取人是人的本能，可见外在形象的重要性。别人看到你的外在形象变了，变美了，变瘦了，状态越来越好了，就会向你靠拢，想要变得和你一样。我是一个对自己要求比较严格的人，所以不管是在日常的工作中，还是在旅行时，都会把自己打扮得比较精致，这样更能体现出我的与众不同。

自我独立

女人一定要独立，很多女性在结婚以后会依赖丈夫，慢慢地与社会脱节，双方共同发展和成长才能令婚姻走得长远；如果丈夫不够优秀，那妻子就要努力，影响他变得优秀；如果丈夫足够优秀，那妻子更要努力，紧随他前进的脚步。

提高个人能力

鼓励大家一定要多学习，不要只关注自己所从事的领域，可以报名学习各种课程，比如 DISC 人际关系必修课、生命的绽放、领导力及影响力等。因为我们面对的是来自不同领域的客户，如果我们在交谈中对客户讲的东西一无所知，那就没有办法与客户深入地沟通。一定要多方位地学习，丰富自己的知识，提升自己的能力。

最后我想送给大家一句话，这也是我做社群电商这 10 年来我非常认同的一句话：你只有骑在马背上，你才能和马跑得一样快。

你只有骑在马背上，你才能和马跑得一样快。

人际关系必修课

管理者如何高效地识人、用人？

■ 刘宸君

重庆乐行纪企业管理有限公司总经理
可复制的领导力授权讲师
教练式领导力（团队教练）认证讲师

人际关系必修课

我拥有 15 年培训管理工作经验，服务过房地产公司、大学毕业生、互联网公司、人力资源机构。在进行有效沟通技巧训练、领导力提升训练、企业 TTT 培训、企业培训体系建设时，擅长利用各种技术和教学形式，打造轻松课堂，营造学员共创的体验式学习氛围，从而高效提升学员的学习力、践行力，帮助学员将知识、工具有效落地。

一个对人际关系敏感的管理者能够准确地察觉团队成员之间的情感波动，能够理解和适应不同个体的需求和感受，并能够有效地处理和解决人际关系问题。

工作中，我们经常会听到有些人人缘很好、业绩很好，深受客户、领导、同事的喜欢。我们也总认为情商高是别人与生俱来的一种能力。我做了 15 年的团队管理工作，有 5 年是做企业高管教练。在教练过程中，我接触了不同特质的企业高管，我发现再优秀的高管在带领队伍时，也会面临诸多人际关系难点。与人际关系有关的难点大概有几种类型：团队管理中疏于对人的把控；缺少对管理角色转变的认知。人际敏感度是衡量一个管理者是否胜任团队管理岗位的一项重要能力。

人际关系永远是团体、组织中必不可缺的一部分，只要是有人的地方，就一定会有关系。

关系是如何建立起来的？人只要在同一个场域下进行互动，就会自然而然地建立起关系。有些人只需要用 1 分钟，就可以快速和身边的人进行互动，并且赢得对方的信任，有些人则完全无法和他人互动。也就是说，正是不同性格和风格的人，令这个精彩的世界充满新奇和挑战。

在企业中，不同性格的人组成团队，为了同一个目标而努力。 团队成员的信念动机、行为需求千差万别，很多管理者因此头痛、感到烦恼，抱怨团队成员不好管，软硬不吃。许多"70后""80后"管理者抱怨"90后""00后"员工不好管、很难管，甚至怀疑自己不适合做管理，他们宁愿自己做业务，这样就不用处理员工的情绪，不用为了团队成员之间的问题而焦头烂额。

"对上有责任，对下有指标"的困境让很多在业务中得心应手的人才吃了败仗。到底是员工的问题，还是管理者自己的问题呢？在员工身上找原因，并不能解决问题，因此很多管理者找到我，学习领导力、提升影响力。

在我的所有领导力课堂里，我一定会树立一个核心思想那就是领导力不是如何把别人搞定，而是领导好自己。曾经在我的课堂上，有一位企业高管对我说："刘老师，很期待你的课程，我希望今天能学到很多有用的管理工具，这样我回去就可以把那些员工管得服服帖帖的……"还没等他说完，我立刻止住了他的话头，告诉他："来学习领导力，首先是学会如何搞定自己，而不是搞定别人，如果为了搞定别人，以往你在公司里运用的各种管理手段和方法都是有效果的，何必再来学习管理工具呢？"他听后恍然大悟，**原来管理团队首先是要让自己成为一个"好"的人，先领导好自己，才能领导好别人。**

人际关系是衡量一个管理者是否足够优秀的标准之一，任何的管理工具、手段都离不开对人际关系的处理。管理者需要具备的两项核心能力：人际思维能力、业务思维能力。在管理理论里，有这么一个说法，管理就是管人和理事。大部分管理者是从业务骨干升到管理岗位的，并没有真正意识到自己的角色发生了巨大的转变，技术骨干要自己把工作做好，对结果负责，而管理者需要通过团队来完成工作，人际关系是衡量一个管理者是否足够优秀的标准之一，任何的管理工具、手段都离不开对人际关系的处理。

让团队拿到结果。但很多新任管理者、甚至干了 10 多年的管理者都没有意识到两种角色之间的差异,结果就是凡事亲力亲为,不懂得用人做事,不能调动团队来实现目标。新时代的管理者必须要转变思想、转变观念。

接下来,我就围绕通过识人、用人来放大组织的影响力,实现团队绩效目标分享一些自己做高管教练的心得。

通过识人、用人来放大组织的影响力,实现团队绩效目标,可以从以下几个方面来考虑。

1. 识人

管理者需要具备良好的人际敏感度和洞察力,能够准确地了解团队成员的能力、优势、兴趣和潜力。 通过观察、沟通和评估,管理者可以识别出团队成员的特点和潜力,并将其与团队的需求和目标相匹配。可以采用 DISC 测评工具,快速且准确地判断出团队成员的性格特点、行为风格,以及他们的优势能力。

我学习了 DISC 行为风格理论后,就将测试工具发给了员工,并结合他们的测评报告,跟他们进行了一次一对一的沟通,在沟通中探讨他们的行为风格以及内在的需求。通过沟通,我更深入地了解了他们,我们对未来的沟通合作达成共识,为可以更好地配合打下基础。

管理者需要了解团队成员的技能、知识和经验,以确定他们在团队中的适应度和发展潜力,帮助他们发挥特长和了解自己的不足,为适应团队的需要而调整自己的行为。DISC 行为风格理论是一个非常有效的增进管理者和团队成员之间的人际关系、提升管理者的人际敏感度的工具,如果你是一名企业管理者,一定可以在团队运用它。我也在教练过程中,把它介绍给高管,帮助他们了解自己,还帮助他们用更科学的方式去了解和洞察自己的员工。管理者了解了团队成员的兴趣、动机和价值观，才能确定团队成员在特定任务和项目中的激励点和发展方向。

2. 用人

管理者了解了团队成员的能力和潜力，还需要将他们合理地分配到适合他们的岗位上，以发挥他们的潜力和价值。管理者需要根据团队成员的能力和兴趣，将任务和项目分配给最适合的人，以确保团队高效地达成目标任务。同时，管理者需要搭建合作和协同的平台，鼓励团队成员之间的互动和交流，以实现团队的协同效应和绩效目标。

以上是我的一些心得，希望能够给管理者们一些帮助，也希望更多的人利用 DISC 行为风格理论，学会识人、用人，提升领导力，增加影响力。

人际关系必修课

品鉴生命的美好

■ 罗爱香

连山阁创始人
齐甲技术创始人
生活艺术家

以前，哥哥们总说我是家里的公主，我不以为然，心想：公主不是都住在皇宫里吗？我住在深山老林里，算哪门子的公主？后来，我才意识到，原来是他们一直把我当成了公主来爱护。

以前，我总觉得先生一点都不浪漫，说话犀利又难听，还一副很有道理的样子。后来，我才意识到，我静好的岁月都是因为有他在负重前行。

以前，我对伯祖父有些怨气，觉得他没花心思照顾家人。后来，我才发现他的生命是如此美好，他为了传承非物质文化遗产做出了那么多努力和贡献。

上帝为我关上一扇门，又打开一扇窗

5岁那年，父亲永远地离开了我们。半年后，母亲带着不到半岁的三妹改嫁，把我和二妹留在伯父家。伯父一家对我和妹妹都很好，而且我和妹妹还多了四个哥哥。我的名字"爱香"是伯母帮我起的，她说我是"爱"字辈，"香"是希望四个哥哥都喜欢我。

伯母非常能干，不仅会刺绣、织毛衣、纳鞋垫和裁缝，农闲时还会制作凉粉和水豆腐拿到街上摆摊卖。耳濡目染下，我7岁开始跟着伯母学画画，做针线活。伯父是村里的老大哥，带乡亲们一起经商、修路，一起发家致富。在伯父、伯母身上，我学会了勤劳和创造，学会了自己动手丰衣足食。村里人都说，我的伯父、伯母待我和妹妹比待他们亲生的孩子们不知道要好多少倍。

四哥比我大一岁多，伯父、伯母非得让他多等一年，和我读同一个班，让他帮我拎书包、买早餐。后来才知道，他们是怕我被别人欺负。为了让我好好读书，四哥更是把男同学送给我的小礼物或者情书全部拦截下来。

三哥从小就是"学霸",可以说是我的人生导师。我初中时,他已经考上了南京林业大学,但我们的书信往来从未间断,我有什么不懂的都写信问他。后来,他每个月都会给我寄电话卡,这样我们就能每周保持通话。在金钱方面,他也是无条件地支持我。除了大学四年的生活费以外,我的第一台手机、第一台电脑,甚至我第一次学习拉丁舞的费用都是他赞助的。刚毕业出来工作时,我也住在他家。工资不够花时,也是他支援我。正是有三哥无条件地支持,从来没体会到生活压力的我,"裸辞"了曾经梦寐以求的编辑工作。

因为年纪相差较大的缘故,我与大哥和二哥平日里互动不多,但我最爱吃大哥煮的菜,特别是干捞黄豆闷土鸭、香煎黄花鱼、火锅牛百叶……小时候的味道到现在还念念不忘。二哥做家务活特别勤快,以至于我除了读书以外,什么家务活都不会干。

让我如此任性的,当然还有他——那个我本想分手,最后却与之结婚的男人。他是一个极其不浪漫的人,不会说甜言蜜语。谈恋爱的时候,他每天晚上9点给他妈妈打电话,9点半准时给我打电话。电话里,他永远问:"你今天吃了什么?""干了什么事情?"不到几个月,我就忍不住提出了分手,结果他说:"我已经想好了,接下来,我要照顾一老一小,老的就是我老妈,小的就是你。"我就这样被征服了。

意外和明天不知道哪个会先来。父亲的离开,让我突然失去了一个完整的家。上帝为你关上一扇门,就会为你打开一扇窗。因为伯父、伯母一家,我得以肆意成长,在任性的年纪去探索世界,也体会到了生命的美好。

我静好的岁月都是因为有他在负重前行

我本是哥哥们眼中的小公主,习惯了被人照顾,也从未受到一点点委屈。然而,结婚以后,先生一度让我很烦躁。

在家里,总是他说了算。比如,周末带孩子出去玩,无论多晚,他都要坚持回家做饭给孩子吃。他说在外面吃不放心,粮油可能不干净,会影响孩子的发育。为此,我们常常争吵不断,我认为他固执,他认为我懒惰。

他很自律却无趣。结婚10年,他日复一日地研发打磨他的金融交易软件技术。他很较真,连那几根线条在什么状态下呈现什么颜色都要研究很久。

我曾经在社区工作8年。这8年里,我无数次想要辞职,每次都被他泼冷水。他说:"你的性格就适合做这种类型的工作,虽然工资少但你也不靠这个吃饭;工作繁杂,但是压力不大,而且请假什么的都很方便;你没有任何商业思维,做事情也是三分钟热度……"每每听到他这么说,我总是免不了跟他大闹一场。

2023年8月,我参加了DISC+社群联合创始人任博老师在深圳主办的人际关系必修课线下工作坊讲师认证班。我才发现,原来先生是典型的D、C特质,而我是I、S特质。D、C特质,说明他的目标非常明确,而且对专业度的要求非常高,能十年如一日地坚持研究并且做出理智的判断。**如果不是创业失败,我也许现在都不能理解他对我的爱有多深。**

在社区工作的8年时间里,看过无数人的悲欢离合,我越来越感觉到自己对社区工作的厌烦,从小在心中种下的画画的种子又慢慢开始发芽。我和两个同事一拍即合，开了一家美术培训机构。然而，因为校区急速扩张，管理跟不上、资金链断裂，加上大环境的影响，合伙人相继离开了。

先生一直为我提供资金支持，半年后，他给我下了"最后通牒"。"再不及时止损，我一分钱都拿不出来了。你到底在怕什么呢？有什么事情我们一起面对。"不善表达的他，说出了这句话，给了我很大的力量，让我感受到了什么是无条件的爱和信任。我放手了，由他帮我处理了包括债务在内的所有问题。**我才发现，我静好的岁月都是因为有他在负重前行。**

我尝试走进他的世界，开始理解他的事业。他说："现在实体企业都这么难，为了调控市场经济稳序发展，2022年4月，全国人民代表大会常务委员会通过了《中华人民共和国期货和衍生品法》，鼓励更多的实体企业参与期货套期保值进行风险管理。所以，我要用这十几年来积攒的专业技术和经验，去服务一些有需要的实体企业，发挥自己的特长，实现自己的价值。"

我突然发现，先生是一个非常有使命感的人。懂得了他的生命意图，明白了他的行为模式，我也找到了未来的方向，就是传播正确的财商思维和理财投资观念。

传承非物质文化遗产的使命

祖父在7岁时跟祖母定亲，后来在祖母家长大，还跟祖母改姓罗。

伯祖父留在贵州继承家业。我们每次去探望他时，他家里永远都是门庭若市。因为伯祖父是失传了2000多年的水书《连山易》的第七代传人谢朝海。

2004年，有一个记者采访了伯祖父，并与伯祖父争论了起来，他质疑伯祖父手上的《连山易》不是真迹。各界专家经过两年多的考古求证，对这套水书《连山易》进行辨别，最终确认这套水书《连山易》就是真迹。一时间很多易学专家都纷纷慕名而来。

水书就是水族的古文字，主要用来记载水族的天文、地理、宗教、民俗、伦理、哲学等文化信息，是水族社会生活的"百科全书"，2006年被列入国家非物质文化遗产名录。伯祖父也是在这个时候，把家传水书《连山易》手稿捐献给贵州省图书馆。他也成为三都水族自治县首批非物质文化遗产（水书习俗）代表性传承人，并积极参与水书抢救工作。

如今，漫步在三都水族自治县街头，随处可见水书，学校、小区、社区、街道……处处都有水书，这与政府对当地非物质文化遗产的保护和传承不无关系。

2010年，伯祖父为了静下心来翻译、编写、校对家传水书《连山易》和抢救水书，特意从独山县搬到三都水族自治县。

《连山易》的内容涉及古代军事、天文、地理、历史等，融入了很多代传承人的智慧和心血。为了更好地传承和弘扬水书，只要愿意来学习的人，伯祖父都愿意悉心教授，他说："能教一个是一个。"

我们这一代，应该继续探索，把祖宗留下来的智慧当成事业来经营。我立志传承家族使命，重拾图书编辑工作，编校伯祖父的部分水书手稿，做好非物质文化遗产传承人，传承优秀的水族文化。

结语

2023年，是我的蜕变之年，我终于找到了自己的人生使命：通过打造良好的人际关系,营造良好的场域氛围,无条件地支持身边的人。我学会了面对生活中的种种,学会了感恩生命的美好,不再患得患失。

过去我们是谁,不重要;重要的是,未来我们可以成为谁。只要我们有意识地调整,我们每个人都可以成为自己想要的样子。

我学会了面对生活中的种种，学会了感恩生命的美好，不再患得患失。

人际关系必修课

不善社交，能做好风险规划师吗？

■ 彭晓庆

家庭、企业财富保障规划师
资深个人成长教练
NLP 应用心理学专业执行师

都说一个人的成就和幸福与人际关系的质量相关，人际关系对我们的生活起着非常重要的作用。我以前是一个不善于表达的人，以为尽到自己的责任就可以了，却忘记了需要和家人、合作伙伴建立良好的关系。所以，我总感觉自己不被理解、不幸福，容易陷入受害者模式。

研究生毕业后，我从事建筑结构设计工作，但在工作中，我感受不到自己的价值，总觉得自己什么都做不好，总是处在自我怀疑中。有了孩子后，我发现自己是真的不喜欢建筑设计，不想天天和电脑打交道，于是我转行到了保险行业。当我在保险公司里做了6年的内勤后，转行做风险规划师时，我有些迷茫和困惑，不善于社交的自己，真的可以做好风险规划师吗？

我开始思考，我该用什么样的方式来和家人沟通呢？我该如何和我的客户沟通呢？如何让身边的人和我的关系更好呢？

了解了DISC行为风格理论后，我知道不同行为风格的人相处模式是不同的。我是SC型人，我的行为风格是支持他人，同时又很注重逻辑。所以，我和D型人一起时，对方会觉得我有些磨叽，没有力量。工作没有达成目标时，我又会自责和自我否定。

我观察孩子，发现孩子是D型人，他遇事容易着急，缺乏持久力，不喜欢被控制，喜欢自己掌控一切，做事总是风风火火的。我还发现，他的爱好很多，但都只有三分钟热度。经过观察后，我调整了和孩子相处的方式，给予他更多的耐心。

工作中，我在识别客户的行为风格后，还是会有些不知所措，于是从动作的快慢、穿衣打扮、说话语气等方面进行调整，将自己的状态调整好。我在做风险管理工作时，是如何调整自己的状态，令沟通更加有效的呢？

D型客户，一般喜欢自己拿主意，不喜欢听人指挥，他们很相信自己的判断。他们喜欢被尊重和掌控的感觉，所以要尽量避免给他们建议，需要认同他们、赞美他们。提供两个或者三个方案给他们，说明利弊，由他们来做选择，把主动权交给D型客户。

I型客户，讲究感觉和舒适，所以给I型客户的计划书一定要精美。另外，在介绍产品时，加上一些案例，更容易打动I型客户。

S型客户，比较容易受他人影响，会和好朋友或者同事购买一样的产品。他们不太愿意表达真实想法，容易纠结，需要给他们多一些空间和时间。他们考虑产品时，会受到家人的影响，所以设计方案时，需要多考虑他们家人的保障。

C型客户，注重分析，他们会逐字逐句地研究方案。所以，一定要把每个环节的资料都准备好，以备他们查看。做讲解时，确保每个数据的准确，不懂的地方及时表达，千万不要不懂装懂。

掌握了DISC行为风格理论后，我发现自己虽然了解了性格，了解了如何调整与别人相处的模式，但是觉得很累，觉得少了点什么。**我通过看书、学习，发现人的很多行为和成长环境有很大的关系。**我在一个深度体验的课程里，看到自己的自我否定、自卑，我害怕被别人看穿，我用与别人保持距离的方式保护自己，总是端着。所以，即使我了解了对方的行为风格，我所做的调整也只是外在行为上的，我没有真正用心地去感知对方。

无论是家人，还是客户，抑或我们身边的任何一个人，都是需要

被看见的，都是需要我们用爱去关注的。从那之后，我开始真诚地去感知，感知孩子的需求，感知客户到底在意的是价格还是品牌，是责任还是服务。我关注身边的每个生命，我思考可以为他们做些什么。

我用心去关爱身边的每一个人，不再在意对方给予我的反馈，拒绝我也好，接纳我也罢，我都可以非常自如地关爱对方。 有一次，一个客户带着非常明确的目的说要购买重疾险，她是我的一个客户转介绍过来的。她是一个S型妈妈，并没有真的想好要购买健康保障，她比较关注家人的状况。她来找我，只是因为我的客户买了重疾险，她们正好聊到了健康问题，她害怕了，才让她的朋友把我介绍给她。

我看到了她的担忧、她的害怕，也看到了她内心的不确定。我问她："你了解你要买的这个产品可以解决哪些问题吗？"她说不清楚。然后我又问她："你最担忧的是什么？家里的资金怎么安排的？未来想有什么样的状态？遇到相关问题时，你期待什么样的解决办法？……"

我的提问令她陷入思考，原来她需要的保障和她朋友需要的保障是有差别的，她和她的家人需要一个比较全面的家庭保障。我根据她的真实需求，为她定制了家庭保障方案，她非常快地认可了，因为我是以她为出发点去了解她的担忧和焦虑。

曾经有一位C型客户，拿着条款一条一条地询问我，当遇到我不清楚的条款时，我真诚地表达我的歉意，并承诺我马上去查清楚，之后再回复她。我真心感谢这样的客户，鞭策我更加仔细地了解我们的产品。

当我怀着这样一颗关爱对方的心，表里一致地关心他人时，我发现一切变得奇妙了。

我关注身边的每个生命,我思考可以为他们做些什么。

半年的时间，我看到了自己的变化，我的沟通模式有效了，不再标榜自己不会社交。以前我以为的不会社交，就是不会说好听的话，也不会玩。其实真正的社交是真诚地看到对方，关爱对方，回应对方的需求。

我发现自己更加有力量了，更加坚定了。我坚信自己可以通过爱和真诚，为每一个生命定制专属方案，让每一个生命绽放光彩，让每一个家庭更加幸福。

人际关系必修课

因为淋过雨，所以想给你撑伞

■ 如涓

企业融资规划师
工具效能逻辑思维者
易效能PPT演讲力南区总教练

请你想象一下，你的面前放着一张白纸，你正准备画什么时，旁边出现了一个人，或许是家人，或许是朋友，或许是同事，突然打翻了你放在旁边的颜料。这时，你的感受是什么？你会如何处理被洒了颜料的白纸？

我就是旁边的那个人。我们家是传统的潮汕家庭，从小到大，我好像无论做什么或不做什么，我的母亲都会说："就是你的错。"或许我不应该出生。

高一的暑假，读高二的二哥放弃读书了，我母亲对我说："你也不要读了。"那时的我不懂得为自己争取，即使高一下学期期末考试，我的数学成绩排名全年级前五、班级前二，英语成绩排名全年级前二，就这么从高中退学了。

高中退学后，姐姐带着我跑了两个机构，我凭借高一打下的基础自考专科，又继续读了自考本科，其间还顺便考了个会计证。

烂开始，好结果

首次参加线上学习的我，不像其他人看什么都新鲜，又或者什么都想尝试看看，我就像一只刺猬，有任何的不满意，都要说一说，我不会主动帮助他人，拉起"警戒线"，防着别人，对于学习也是耍滑头、钻空子。因此，我学习了一个又一个课程，始终不觉得自己有任何成长。

而从未认真对待学习的我，却又因为学习产生了蜕变。

2019 年 5 月 18 日，我走进了易效能 PPT 课堂。在结束 90 天的学习后，我跟同期学习伙伴共同申请了教练，不幸落选，原因是我的

PPT 技术不行。那个时候的我似乎也没有想过落选了，便不能跟伙伴一起玩，我们一同继续精进 PPT 技术，技术、审美都不行的我还做了两次分享，也曾在地铁上旁若无人地打开笔记本电脑做 PPT。同伴跟我在一起时，讨论的是可以怎么玩、怎么互相帮助，我从未听到有一人说我的技术不好。

我也获得了带班邀请。我曾高兴地跟同伴分析一起带哪个组，分析这个组长有多牛，那个学员有多厉害，90 天里不断地催促学员，结果是只有两三个人毕业。

也是从这时开始，我的同伴们都不再带班，我成了同期唯一还在带班的教练。2021 年 5 月 15 日，我成为带班主教练。一起带班的教练问我带班的要求是什么。我说："没事不开会。"2023 年 1 月 13 日，我接任南区总教练，在 7 个月的运营期间，我基本不发作业公告，不提醒开会，但作业完成率及参会率基本维持在 90% 以上。

开局或许很烂，却无法阻挡我成长的脚步。如今，我学习 PPT 已有 5 年了，从听老师分享恨不得按下暂停键细细拆解，再到看一眼老师播放的 PPT 便知道是老师如何制作的；从被质疑管理方式，到现在几乎不用操心所负责区域的运行。

被动的是你，主动的也是你

2019 年年初，我在一家礼品行业公司工作，经常忙到晚上八九点，总是深夜才回到家。刚开始只有我 1 个员工，后来我帮老板另外招聘了 4 个员工。一段时间后，老板对新员工产生了想法，认为他们要么不作为，要么留不住。我即使每天忙到很晚才回家，也被老板划为"没能力"的人。3 个月后，我果断离职。

在朋友的介绍下，我去了一个电商公司工作。那时，我陷入对未来与人生的迷茫中。做了半年多的普通文员后，我开始负责公司的财务工作，又在之后管理公司的供应商及新产品开发。

为了不让工作占用更多的时间，我开始优化工作流程，思考客户、老板、供应商等需要的是什么，优化表格设计，做到一张表呈现所有数据，在工作时间内完成所有的事情，将时间留给学习和陪伴家人。

2023年2月底，我再次进入一个新行业：金融行业。在面试时，纪华教练问我的职业规划是什么，我说我不知道。之后，他根据我的优势，又结合公司的需求，让我负责活动及系统框架搭建。在刚开始接手新工作时，我陷入了一个非常被动的局面，我对这个行业不熟悉，对公司要办的活动不熟悉，也不知道向谁了解系统的信息。许久不加班的我主动加班了一个月，却总是焦虑，总觉得什么都没有完成，总觉得明明那么努力了工作还是没有进展。2023年五一劳动节期间，我跟所有人说不要联系我，我要闭关。那5天，我放空脑袋，想到什么就记在本子上。

我的思路逐渐清晰，我思考我可以为公司做什么，我做什么是对公司有帮助的，思考我对于公司的价值跟意义，以此为准则开展工作，工作也慢慢步入正轨。当公司的人员增加、招待活动增加时，我又陷入了焦虑，参加招待活动可以学到不少东西，但又会耽误工作，而回家一个小时的通勤时间打消了我加班的想法。思来想去，干脆做长期规划，将部分事情前置。经过我的一番努力，公司活动筹备时间缩短了，搭建的系统框架也可以随时调用。

我要感谢我的老板纪华教练，当我陷入被动时，是他给我建议，当我锐意进取时，他会为我提供各种支持。

工作的难度从来没有变化，变化的只是我自己的思维。

最终，我成为另一个"她"

记得网络上曾流传过一句话："长大后，我成了我最讨厌的那类人。"我的母亲，就是我讨厌的那类人。

带着母亲给我的负能量，我时常会过度揣测别人，包括他的眼神、他话里的每一个字。我长期不愿意与人来往交流，总是担心对方话里有话。

2019年，我认识了待我如妹妹的家红，以及小溪老师，接触到家庭教育，了解到原生家庭对我的严重影响，也开启了自我疗愈之路。这个过程并没有想象中的容易，疗愈了自己后，我原以为，我有勇气和能力改变全家，却不料，妈妈的负能量早已席卷了整个家庭，家人间的沟通是吼叫跟命令式的。我以为我能带来改变，却被狠狠地卷进负能量的旋涡，生病时，我抱怨家人、孩子不会关心我，又变回了那个责怪别人的我。

2023年，我遇到了一个女生迪宝。她了解了我的情况后，跟我说："你应该远离这些负能量。"也正是从那时起，我开始接纳自己偶尔出现的负能量，开始与自己对话，开始鼓励自己，学会感恩，也开始好好看待这个世界。2023年8月28日，我生病了，出地铁口后，我手脚无力，打电话向母亲求救，她马上打电话让哥哥过来接我。回家后，嫂子又让侄子陪我去社区康复中心，晚上家人又特地为我煮粥，第2天中午，侄女又给我买汤粉。姐姐也在微信里询问我的情况。原来，我的家人爱着我，原来我一直被温暖和爱包围着。

我要特别感谢海峰老师跟任博老师的DISC人际关系必修课线下工作坊，它让我从不喜欢麻烦别人，变得信赖身边的人。

有一句话,与我的经历非常契合:悲观者正确,乐观者成功。

历经曲折与磨难,也曾愤怒、悲伤,甚至想要放弃,但我最终还是在生命的白纸上画出了自己的灿烂人生。

愿看到这里的你,生命灿烂如花。

悲观者正确,乐观者成功。

人际关系必修课

中年职场人如何让人生更顺利？

■ 沈燕

DISC 性格分析人际关系讲师
企业内部培训课程开发顾问
企业劳动关系协调员

我是一个中年普通职场人，家里上有老、下有小，有20年的房贷要还。我没有"欲上青天揽明月"的壮志，更没有"雄心壮志两峥嵘"的抱负，我就想工作得舒坦些，每天可以按时下班，周末有休息时间，平时和同事相处融洽，老板也不要整天找碴儿。

对于有房、有车、有孩子的中年职场人来说，现实是很残酷的。**中年人既要讨得老人的欢心，也要做好儿女的榜样，还要时刻关注同事的脸色，不停迎合上司的心思。**

难道就没有什么方法，能让我们平凡的职场人过得舒坦些吗？

办法总比困难多，用心找总是可以找到出路的。

提升专业技能——凡事多了解些！

要在职场中有一席之地，首先必须要有自己的专业技能。 怎么提升自己的专业技能呢？

这里的专业技能不是让你做行业的翘楚，不要求你做到全国第一。只要你在你的公司、你的圈子做得比别人好，你就有话语权。做质检的，能迅速看出不良的产品；做工艺的，能提出有效的改善建议；做进出口贸易的，能提前发现报关单中的风险……这就是专业技能。

2014年，由于销售业绩不佳，公司需要裁掉一名外籍高管，但是该同事日常的确也没有不妥之处，按照劳动合同法解除劳动合同的补偿金标准，每服务一年支付两个月工资的赔偿金，这对于公司来说成本不小，如果按5万元计算这位高管的月薪，2年工龄的赔偿就要20万元，5年的话就要50万元。这件事需要我们人事从中协调，我之前确实参加过一些培训，也获得了人力资源的从业证书，但是说实话，接触得不能算特别多。所有的补偿费用都算好以后，老板看了一眼感叹费用确实高。我就把劳动合同法前后看了十来遍，也在网上查了好多资料，还和我们公司的律师再次确认了条款，最后找到了劳动合同法第四十七条的条款："劳动者月工资高于用人单位所在直辖市、设区的市级人民政府公布的本地区上年度职工月平均工资的三倍，向其支付经济补偿的标准按职工月平均工资的三倍数额支付。"2014年苏州市职工平均工资是5000多元，5年工龄的赔偿金额大概15万元。这一方面减少了公司成本，另一面让老板看到了我的专业能力，这件事以后老板对我改观不少。

如果在工作中没有什么过人的地方，那就多问、多查、多看。

保持开阔性——多种解决方案！

保持开阔性，从多角度去思考，寻找多种解决方案。

看《奇葩说》时，我特别喜欢里面的黄执中。正如黄执中所说，所有你眼中见到的问题，可能只有你觉得是问题。客户不信任你，有可能是你的问题，也有可能是客户的问题，还有可能是公司的问题……

我的前老板给我的评价是"A Problem Solver"（问题解决者）。他说我从来没和他说过不行，永远有解决方案。我个人觉得这个评价是相当高的，但是其实我不是不想说"不"，而是到他那里不能说"不"，他是D型人，和D型人说"不"，要掂量一下后果。不过回顾过去十多年的工作经历，以及现在接触了DISC行为风格理论以后，我非常感谢他，倒逼我寻找多种路径解决问题。

因为老板是外籍人士，所以需要我帮忙处理的事情会多一点。有一次,他需要把自家的狗带出境,我从来没有碰到过这样的问题,查了各种资料和条款,最后发现老板家的狗的疫苗本过期了。重新准备材料的话,至少要 3 个月,很费时间。当时是 5 月,老板 6 月就要出境,机票和行程都已经定下来了。本来这件事到这里也结束了,如实告知老板就可以,但是我想问题只有一个,办法总要多找找,海关是按照入境国的要求签发动物健康证的,我联系老板要去的国家的相关部门出具同意书,这件事就这样解决了。这只是工作中的一个小例子,但是也给了我很多启示,可以从多个角度去处理问题。

海峰老师说凡事必有四种解决方案,我们永远都有选择权。

有人说,中年是一种状态,少年是一种心态,做中年还是少年取决于你的选择和行动。中年职场人有时候只需要一个小小的行动。

中年是一种状态，少年是一种心态，做中年还是少年取决于你的选择和行动。

人际关系必修课

经历过创业的风浪，我找到了真正的自己

■ 舒吕先

ADA 设享会联合创始人
美国设计师联盟（亚洲）执委
萧氏设计重庆分公司总经理
ICSID（高级室内设计师）

我的人生已过半，回望前半生，一路创业，从未停歇，创业之路悲喜交织、苦乐参半。我从十指不沾阳春水的女孩到一个有着丰富生活经验和育儿经验的育儿博主，从不贪恋舒适区，终日面对挑战。我很清楚自己心里真正想要什么，坚持一条准则——不管这个世界如何纷扰，我只要做好自己，不以物喜、不以己悲。

我22岁大学毕业。一个刚毕业的体育生，毫无工作经验和社会经验，只有一颗勇敢躁动的心，带着梦想和4万元（有3万元是借款）坐火车去广州，开启了我的创业之路。我的创业起点是一家主营川南风味的熟食店，启动资金4万元，三个月后，店铺倒闭，我亏损了3.2万元。才知道原来开店是要提前做市场调研和消费评估的，原来自己喜欢的东西不一定是市场接受的，原来我并没有思考好怎样赚钱。

23岁那年，我过得很辛苦，卖音响和服装，基本每天都是早上四五点起床去批发市场看货、订货，上午发货至门店，剩余时间又去开拓门店。下午去与别人合伙开的音响店里做销售，大部分时候跟着合伙人去客户家安装音响，挣点安装费和线材费，顺道把品质特别好的旧音响收回去卖给需要二手音响的客户。晚上12点多睡觉。那时，我每天睡眠时间不超过6个小时，赚的当然也比上班的同龄人多，我年轻有活力，感觉自己可以随便折腾。**年轻漂亮当然是我的资本，但我也非常努力，因为我坚信只有靠自己努力挣钱才能改变命运。**

24岁这年，朋友说我很有野心，应该进大公司历练一下。我在他的引荐下，进入一家现在已经上市的建材企业里做内训师，主要负责新员工入职前的企业文化等相关培训。由于表现突出，半年后我转而负责全国经销商销售培训、开业指导、编写培训手册等工作。初入公司时，掌握的电脑技能仅限于打字和发邮件，毫无相关工作经验，不管这个世界如何纷扰，我只要做好自己，不以物喜、不以己悲。

人事专员把我领到培训科长那里,科长问了两个问题后,把我领到销售部经理办公室,我的屁股刚挨着凳子,经理就说:"行吧,直接办入职。"一年后我开玩笑似的问经理:"为什么当时没有跟我聊两句就认定我适合这个岗位?"他说:"因为你是培训科科长选的人,我用他就得尊重他的选择。"这句话影响了我很多年,这位经理也是我的人际关系、职场规则和人情世故的启蒙老师。两年后我离职时经理对我说了另一句影响我半生也鼓励了我半生的话,他说:"舍予啊,你是一个善于思考、懂得举一反三的人,你一定要继续经商,你磊落飒爽、豪放不羁的性格不适合办公室,你以后找老公应该找一个经商的,因为你可以很好地帮助他。"

26岁,我回到了我的家乡重庆,高速发展的重庆既现代又舒适,码头文化与时尚的碰撞散发着令人无法拒绝的魅力。半年后,我在一个高端建材商场成功盘下一个进口品牌建材店,成为两个进口品牌的重庆总代理,一年后在同一个商场开了第二家店。再次创业的一年半,一切都很顺利,在亲友的祝贺声中,我在28岁那年买了我的第一辆车和第一套房子。

后来出现了两次财务危机。第一次有贵人相助,我成功度过。一位朋友用他仅有的住房作为抵押,帮我在他的朋友那里借来40万元,缓解了我的危机,他问我:"有没有信心撑过去?需要多长时间?"我只回答说两个月。朋友抵押借款期限为两个月,利息为8万元。两个月内我每一次谈业务都如履薄冰,每一个夜都很漫长,终于在借款第34天收到了第一笔回款79万元,还了本利48万元后,剩余的31万元交完下季度店租后所剩无几。解除危机后我如释重负,收拾好心情后继续冲刺。

某一天,和朋友聚会时聊到公司的发展和我的一些想法,朋友听后很感兴趣，想要加入，我觉得两方合作不妥，就拉来了我另一个朋友一起，去与另一个大公司谈合作，谈判却以失败告终。这两个朋友提出直接加入我的公司，怀着对之前谈判失败的负疚感，我思考片刻后就答应了，这也是直接导致我的第二次危机。6个月后公司出现了严重的财务危机，印证了三个和尚没水喝那句俗话，门店关闭、公司破产。我的这次创业为期3年5个月，以失败告终。

在我看来，完美的人生必定是起起落落的，失败是通往成功的必经之路，除非你惧怕失败。一个没经过社会锤炼的人是不配谈成熟的。 这次的合作让我深刻地认识到，即便是亲兄弟合作也得符合三个前提：**高尚的人品，对等的条件，严格的游戏规则。**

33岁至38岁，为了坚持做一个有诚信的商人，我自掏腰包一个人服务完了所有客户，为上一次创业收尾。创业失败让我越挫越勇，没给自己喘息的机会，拿着仅有的几万元又做起了红酒的生意，每一次赚了钱就进更多的货，货越来越多，利润也越来越多，最多的时候一个月有近10万元的利润。

有了上一次创业失败的前车之鉴，后面的几次创业我都选择单打独斗。因为钟爱红酒，特别爱澳大利亚巴罗萨河谷的一个叫"小山谷酒庄"的红酒，所以我的第一个酒窖就命名为"小山谷酒藏"。我的主要销售渠道有三个：公司招待用酒团购，西餐厅、咖啡馆批发，个人社交用酒零售。行业的特殊性决定了我每天要面对复杂的人际关系和形形色色的人，我是老板，每天做的就是各种接待、试酒、应酬。有的客户很懂产品，也懂市场，这样的客户通常很尊重我，合作起来也比较简单。有的客户只知皮毛，不懂装懂，抓住一切机会为难我，拖着账款不结。即使这样，我也不愿意轻易得罪客户，会持续供货，维护好关系。也有完全不懂，但特别爽快的客户，信任我，基本上我说什么就是什么，结款也很主动。

很快我用卖红酒赚的钱还清了债务，同时开了一个占地250平方米的面包奶茶店，我这个不懂烘焙不懂饮品的人突然决定，在40天后的中秋节开店迎客。40天内完成店面改装、人员招聘、面包和饮品的研发、相关物料的设计和定制。有太多的事情要做，我却没有理清头绪应该从哪里开始，所以我把自己关在房间两天两夜没出门，把要做的事情全部写了出来，再按照轻重缓急排好序，一步一步地按照计划走，时间不够就加班，加到夜里12点，还不够就通宵干，人手不够就自己亲自动手。终于在准备充足的情况下迎来了中秋旅游旺季，选了吉时开门营业，开店当天营业额突破了预定目标，后面每天都持续增长。

在店面业绩如日中天的阶段，我生命中最重要的人到来了，他是我的软肋，让我变得柔软，他就是我的儿子米饭。在那之前，我和他的爸爸经远房堂姑姑的撮合，一见如故，很快喜结良缘。

当知道米饭存在的那一刻，我躺在床上，睁大着双眼，未来的一切对我来说都显得那么陌生、恐惧。我不是恐惧生产时的痛，也不是恐惧养育的苦，我恐惧的是我是高龄产妇，会不会影响孩子健康出生，我恐惧的是我拼尽全力也不能教好他，以至于他责怪我为什么没经过他的同意就把他带到了这个充满挑战的世界。

孩子的顺利出生，让我漂泊半生的心有了港湾。 在孩子3岁前，我把所有的爱和时间都聚焦到了孩子身上。当了母亲后，我变得特别胆小，我非常不喜欢"为母则刚"这句话。这句话特别贬低女性，女性从来都不应该是弱者。

孩子几个月的时候新冠肺炎疫情暴发了，空气里弥漫着恐慌，我也因此关闭了苦心经营的店。我是很享受养育孩子的过程的，孩子的每一个变化都带给我幸福感。会焦虑吗？当然会焦虑，以前会焦虑，现在会焦虑，以后还会焦虑，我焦虑的是我的知识储备已经不够用了，该看育儿书了，该学习育儿知识了。

我养孩子不是为了养老，更不是为了传宗接代，而是为了让他看遍这世间花开花落，山高水长。 我爱他，是让他感受到爱，学会爱，勇敢去爱，正确地爱自己。我坚信与孩子的那些充满了爱与信任的记忆会陪伴他的一生。我希望他成为我梦想中的男子汉，一个绅士，有独立的人格，不畏强者，同情弱者，宽宏大量，绝不懦弱。

40岁如期而至，现在我是一家装修设计公司的总经理，每一天都是挑战。我不懂设计，但我具备审美，我从客户的角度去看待设计，用心去体会设计和管理。**现在的我更加勇敢，内心也越来越柔软，人格独立、经济独立，对生活有自己的理解和要求。**

我认为我现在的状态超级好，我有自己的理想和抱负，能用心教育好孩子，但不会被束缚在母亲的角色里，我会为孩子树立一个好的榜样，做一个开心、独立、优雅的人。

人际关系必修课

让自己成为一束光，
点亮自己，也温暖别人

■ 孙琳

品牌出海营销顾问

家庭幸福教育指导师

个人成长教练

从一位过着宁静生活的日企员工，蜕变为在跨境电商领域中崭露头角的中国品牌出海新星；从生活琐事不断到掌握了工作与生活平衡的秘诀，成为职场中的典范妈妈；从曾经迷茫不安的职场新人，到敢于直面内心、坚信自己有潜力，如今肩负起推动中国品牌走向国际市场使命的跨境电商从业者；从一个追光者，到成为照亮别人的那束光，我的每一次成功，都是出色处理人际关系的成果，我的每一个跨越都蕴含着通往成功的秘诀。

我是一个平凡的女孩，在人群中毫不起眼。从小到大，我一直遵循规则，听话乖巧，总是追求别人眼中的优秀标准。我只做别人认为好的事情，从未思考过自己真正想要什么。求学、工作、结婚、生子，本以为我会就这样平淡地过一生。但是，生活总会在某个时刻给我们一个深刻的启示，让我们从舒适区走出来，面对内心深处的挑战，拥抱自己的潜能。

勇敢面对不确定性，追寻内心的声音

工作几年后，我进入了日本著名的企业松下集团从事销售工作。当时，我觉得这是一个安稳的选择，职业道路可以稳步上升，但我发现自己在日企的工作模式下，内耗非常严重，渴望一些不同的东西，一种新的成长体验。于是，我做出了一个大胆的决定，辞去工作，追寻内心的声音。这个决定并不容易，毕竟辞职意味着面对未知的风险和压力。然而，我知道我必须为自己的成长付出代价。

为了寻找内心的平静和方向，辞职后我踏上了一次内观之旅，通过冥想和自我觉察，更好地认识自己的思想、情感和欲望。我还在福建的南禅寺度过了十天的禅修。这个过程并不轻松，每天早上4点

30 分起床，晚上 10 点前睡觉，连续十天静坐和冥想，全程止语。在这段旅程中，我安静下来，倾听内心的声音。跟着老师学习呼吸，然后逐渐深入观察身体和内心的变化。通过内观，我开始从关注呼吸到关注自己，我开始学会向内探寻，明白了自己一直以来的困惑和不安，都是内心世界的反映。

跨入社交媒体，探索新的可能性

在内观之旅之后，我开始探索新的职业道路。我加入了丹尼尔·惠灵顿手表公司（英文名 Daniel Wellington，简称 DW）。DW 是瑞典的轻奢腕表品牌，一块普通的石英手表，通过简约的设计和社交媒体的呈现，传达出时尚、简约和美好生活的理念，吸引了大批粉丝。在中国，DW 经过短短几年的努力，取得了显著的销售成绩。

DW 成功的秘诀就在于在社交媒体上的营销。DW 从 2011 年开始就持续利用网红的影响力和号召力来为产品做宣传，提升品牌知名度。我所负责的亚太区海外社交电商部门，更是每年合作数以万计的网红，为品牌带来数亿次的曝光。

这是一个新的领域，对我来说充满了挑战和机遇。在这里，我第一次看到了社交媒体的力量，看到了它对品牌营销的重要性。品牌通过社交媒体，可以与消费者建立更紧密的联系，可以利用更丰富的表现形式传达品牌的价值观和情感。我尝试了不同的营销策略，通过与网红合作、制作有趣的内容，让品牌在竞争激烈的市场中脱颖而出。成本不足百元的产品，正是因为品牌定位和宣传，价格可以涨到 20 倍。我记得 2017 年"双十一"的晚上，DW 瑞典 CEO Philip 特意来中国和大家一起通宵加班，销售额当天突破一亿元。原来赚钱是可以这么轻松的。

我在这样的氛围下，迎来了人生中的另一个重要事件——孩子出生。孩子出生后的生活并不是时时刻刻充满母爱的光辉。成为母亲，需要承担起照顾婴儿的责任，处理好家庭和职场的事情，这对于我来说是一项全新的挑战。让我深陷其中的是社交圈的断裂和孤独感，还有疲倦和焦虑。我必须在职业和家庭之间寻找平衡。我开始四处打听方法，找解决方案，很幸运通过喜马拉雅上的易效能时间管理课程，加入了践行群，开始学习并且践行早睡早起、运动和高效时间管理，合理规划处理工作和家庭事务的时间。尽管工作和照顾孩子的双重压力让我感到疲惫，但我逐渐找到了快乐和满足的平衡点。用正确的方法，我竟然3个月瘦了15斤。我深刻地感受到自我力量的强大。

然而，平衡并不是一蹴而就的，和很多职场妈妈一样，连休了7个半月产假后，我回归职场时，原来的职位已经有人顶替了，只能离职。不过我并没有因此而退缩。现在回想起来，孩子的到来唤醒了我，让我意识到自己需要马上成长，而属于我的新时代就此拉开了序幕。职场危机像生命中的一道裂缝，但阳光正是通过这条缝，照进了我的生命。

让自己成为发光者，别人才能寻光而来

作为职场妈妈，我不断思考如何平衡生活与工作。平衡或许就像骑自行车一样，可以左右摇摆，但只要能够继续向前推进就好。我曾向许多做得非常不错的职场妈妈请教，但她们给我的答案却令我感到绝望：很难，是不可能完全平衡的。于是，我开始寻找一份时间自由

的工作，最后来到了 Boostinsider 公司。

公司开发的产品是网红数据库搜索引擎产品，这个产品可以为企业的品牌建设迅速提供匹配精准的网红服务，帮助企业更好地进行出海营销。为了更好地宣传推广公司的产品，我不断地拜访企业和参加线下沙龙活动。很多中国的跨境电商企业对于 DW 的网红营销成功案例抱有非常大的兴趣。除了企业分享之外，我也尝试整理总结以往的经验，系统地制作了 10 万字的网红投放课程稿，录制并上线了 6 个小时的视频线上课程。这不仅让我在行业内赢得了声誉，还帮助更多的企业了解到网红营销的价值。

这份工作，我只做了不到 3 个月，但却是我职业生涯一个重要的转折点。知识付费行业迅速发展，我快速地整理自己的知识经验并通过互联网分享，从此埋下了帮助更多中国跨境企业品牌出海的种子。更重要的是，我看到了自己的限制性信念。

公司需要进行融资路演，然而我却毫无相关经验。当我开始怀疑自己的能力时，却看到刚毕业的北京同事轻松应对投资人，在路演时口若悬河。而拥有十几年的跨国公司工作经验和 4 年 DW 网红营销经验的我，却手忙脚乱、忐忑不安。究竟是什么限制了我？我看到了那层限制自己的厚厚的无形的外壳。于是，我开始尝试突破自己，不断挑战自我。我像岩层中一颗渴望阳光的种子，努力冲破黑暗，冲破岩层。我用坚定的信念，一点点地融化怯懦的坚冰。如今，我可以上台面对数千人演讲，已经开设了几十场线下培训课程，还在知名跨境电商网站雨果网上开设了专栏，并创建了"Anna 网红营销"公众号，收获上万名粉丝。我让自己成为一束光，也照亮了更多的人。

我让自己成为一束光,也照亮了更多的人。

迎接新挑战：品牌出海的探索

> 我坚信，当你在生活中勇往直前时，天地万物都会来帮助你。

我收到了 2019 年被评为"中国出海 50 强"的跨境电商公司叶道科技 CEO Daniel 的邀请，协助他们在国际市场上建立品牌。和传统外贸不一样的是，跨境电商专注于 B2C（Business to Customer，企业直接面向消费者提供商品或服务）领域，通过自己的网站或者在第三方电商平台进行产品销售。在国际市场上建立品牌，是一项复杂的任务。我们利用 Facebook 广告、博客论坛、"网红"、联盟营销、SEO（搜索引擎优化）外链建设等方式为品牌累积势能。我参与了多个品牌的海外营销策略制订工作，从选定目标市场到制订推广计划，再到实际执行，比如跟韩国明星权志龙合作，10 分钟的销售额超过了 100 万美金，帮助宠物品牌和日本集英社旗下《火影忍者》达成产品 IP 跨界联名合作等。在这个过程中，我学会了更加深入地了解不同文化背景下的消费者需求，通过精准的定位和营销传播，让品牌在国际市场上获得认可和信任。

和 DW 轻松愉悦的工作氛围不同，中国跨境电商企业的工作强度和压力都很大。早期的中国出海企业主打"物美价廉"，通过销售产品赚取微薄的差价，赚取品牌溢价的企业非常少。2022 年度"全球最具价值 100 大品牌榜"，中国仅华为和小米上榜。在全球的认知里，中国是全球工厂，虽然我们有大品牌的代工厂，虽然我们的产品物美价廉，但在全球市场中，中国品牌还是缺乏名气，赚的只是卖货的辛苦钱。随着出海市场的不断成熟，产品竞争点必须从价格上升到品牌，国内也有越来越多的出海企业意识到品牌的作用，正着力打造品牌力。

在叶道工作的时间里，我更加注重人际关系的管理，我学会了管理更大的团队，统筹更多的事情。我不仅可以在职场刚柔并济，还能像管理项目一样管理家庭，比如将在工作中学会的搭建培训团队、委托外包任务运用于家庭中，在时间资源有限的情况下，实现家庭教育质量的提高。

孩子来到这个世界，唤醒了我的人生使命。如今，孩子聪明伶俐，活泼可爱，已经上小学了。虽然他仍有一些不完美的地方，但他已经完成了他作为孩子的第一使命：唤醒父母。接下来，孩子要面对他的第二使命：追寻自己的梦想，活出自己。每个人都拥有无限的潜力，只要勇敢面对内心，不断成长，就能发现更好的自己。

从内心发现勇气，遇见真正的自己

每个人的成长之路都是独一无二的，都充满了困难和机遇。 回顾过去的这几年，我发现每一个困境都是通向成功的关键，每一次自我发现都是成长。从一个过于依赖外界认可的女孩，变成勇敢面对自己内心的女性，在成长之路中，我学会了从内心发现勇气，勇敢面对困难。我通过内观和不断的自我探索，看到了自己的限制性信念，重新获得内在的勇气。我不再害怕面对不确定性，因为我知道，正是这种不确定性让我不断进步。这段旅程充满了挑战，但正是这些挑战塑造了我今天的模样。

对我来说，未来充满了无限可能性。我将继续在中国企业跨境出海领域不断成长和探索，为中国品牌走向国际市场贡献自己的力量。

同时,我也会继续关注家庭,用爱和耐心去呵护我的家庭,为孩子树立一个积极向上的榜样。

光亮如此美丽,点缀了天空,也照亮了万物。我们是否也点亮了自己生命的光芒,是否也温暖了自己,照亮了他人?希望你能从我的故事中获得力量,愿你的生活美丽多彩。

人际关系必修课

将文化工作进行到底

■ 唐甜

上市集团企业文化负责人
高级企业文化研究专家、文化智库顾问
国家二级企业培训师、"好讲师"赛区导师

一个人的潜能是无限的，如果不逼自己一把，你永远都不知道，自己有多优秀！我就是如此。

2016年3月，我从业务板块调到HR培训板块，并兼顾文化工作。那时的文化，在我心中就是一个务虚的事，搞搞活动、做做宣传就行了。我的第一个任务就是设计培训板块宣传手册，写一篇讲师推广软文。那时真的是什么都不知道，什么都不会，但我的性格就是使命必达。于是我自费报名学习新媒体，从不专业变得专业！

2019年2月起，我全面负责集团企业文化，文化工作成为我的本职工作。那一年我的主要任务有两个：集团企业文化体系建设与规划；集团三十周年庆典！

我面临着没有团队的困境，一个人必须撑起一片天！但我很乐观，没有抱怨，朋友都说："你一个人干这么多活儿，也不和领导说说。"我笑着答道："让我从兼职到专职，就是对我最大的鼓励和认可！"**我心里知道，只有做出更大的贡献，才能赢得更多资源。只做事、不抱怨，而且要做得漂亮！这就是我！**

我静下心来思考，什么是文化，怎么让文化产生更大的价值？我买了各种相关书籍，参加各类文化培训，加入文化社群，同优秀的同行交流。大量的学习，让我对文化有了不一样的理解。

什么是文化？文化是传播思想，引导行为！文化是空气，平时无知无觉，一旦缺失，就会无法生存！打造企业文化的第一步就是要找到文化的内核——精神、理念。我们希望什么样的文化？我们要传播什么样的理念？为此梳理提炼出企业的理念，包括使命、愿景、价值观、战略定位。有了核心理念，我接下来要做的就是解读。但这远没有我想象中的那么简单，价值观就是一句话，怎么解读？从什么维度解读？

我开始做调研和访谈，通过对200多位中高层管理人员、业务骨干的一对一、一对多访谈，以及对全体员工的问卷调研，最后归纳总结企业文化价值观的解读，并构建了文化价值观的四级解读框架！企业文化由此扎根！

在传播企业文化的过程中，我遇到的第一个挑战就是文化课程！这个课程的难度在于如何把我们集团的价值观"以用户为中心，变革创新为本"按解读框架变成一个有趣的、员工乐于接受的、容易理解的课程！我收集素材（各种案例、访谈、调研）制订课程大纲、设计教学方法，最终形成课件。经过三个月的打造，我不断修正课件，最终在一个70多人的场地试讲课程，课程结束后，大家报以雷鸣般的掌声。人力资源副总裁也对我彻底改观，因为此前，她一直认为我做事踏实、影响力却还需加强，课程结束后，她特意走过来，当时我还很紧张，担心她不满意，没想到她面带微笑地说："非常不错，效果很好！"那一刻我觉得所有的辛苦都是值得的。我的企业文化课程还得到总裁的认可，领导说总裁看我的眼神都充满了欣赏。

然后我在全集团巡讲，2000多名员工听了我的课程，课程满意度达98%，同时我还认证了16名企业文化讲师。我一个月讲30堂课，曾一度嗓子嘶哑，全靠药物支撑。这次创新课程在集团产生了深远的影响，人人都知道了公司文化，人人都在讲公司的企业文化，那年我也因此获得集团年度人物（全集团共十名）。

我知道这只是开始，培训只是传播企业文化的方式之一，我又挖掘文化故事，树立标杆人物，布置办公环境。我所采取的多维度的传播方式让员工感受到企业文化的魅力。

而另一项令我印象深刻的任务就是筹备集团三十周年庆典。我提前一年筹划，使庆典成功举办，也达到了提升品牌影响力，传递企业文化的目的，用最少的钱创造了最大的效益和价值！从供应商招标、会场选择、嘉宾邀约、物料采购到系列活动筹划、宣传造势、定制礼品、节目编排等等，我们核心项目组（40人），定期沟通反馈，最终总结出了公司活动九大模块流程机制！

为了让企业文化更切合业务板块，我们总结了价值观行为细则（通用版），并研发设计了系列工具，支持业务部门结合业务情况来总结独有的、可践行的行为细则。

业务板块的员工更希望解决实质问题，于是我开始接收文化"订单"。

老业务板块的问题是如何激发组织活力，新业务板块的问题是如何克服团队障碍，力出一孔。务必制定相应的方案，实实在在地帮助业务板块的员工用文化的方式解决他们的问题，让企业文化落到实处。

很多人都觉得做文化工作，应该感性一些，喊口号、造氛围、做活动。其实不然，文化工作同样需要我们理性思考，严谨分析，建立流程机制，出具方案并执行。所以，我构建了一个4I的文化体系，从MI（理念）、BI（行为）、VI（视觉）、SI（制度）四个维度，构建企业文化体系，并建立了企业文化CIS管理机制。

虽然我所构建的这个企业文化体系还有许多不完善之处，但它就如同一个导航系统，在我迷失的时候、偏航的时候，指引我朝正确的方向前行。时至今日，团队越来越壮大，我们一起承担了企业文化建设工作，我相信在团队伙伴的支持下，这个文化体系会越来越完善。

我曾经是一个极其不自信的、胆小的人，我上台就脸红、紧张，突出的 CS 特质，让我在追求完美、高标准要求自己的同时，极力降低自己的存在感。过分在意他人感受的生活着实很累，我从毕业起，就决定做出改变。

于是我找了人生的第一份工作——销售，逼迫自己突破舒适圈，与人沟通表达。我曾在人生地不熟的地方，一天步行十几千米跑销售！我从毫无销售经验做到销售业绩第一，从不敢与客户沟通，到自如地与客户洽谈业务！

就这样从业务部门到职能部门，我完成了职场的第一次蜕变！ 之后，我进入了培训板块，从业务讲师到专业讲师，不断学习实践，完成了职场的第二次蜕变！

在生活上，我从不敢下水到学会游泳；从拿了驾照 7 年不敢开车到独自一人驱车几百公里；从跑不了 3 千米到跑完 42 千米的全程马拉松，从每千米配速 11 分钟跑到每千米最佳配速 4 分钟，并坚持隔天跑 10 千米；从 140 斤瘦到 110 斤，不断突破。虽然仍有很多不足和缺点，但我正一步步向好的方向前行，我相信接纳不完美的自己比什么都重要！

最后，我想感谢我生命中遇到的每一个人，感谢人际关系必修课线下工作坊的任博老师、海峰老师，感谢你们让我再次突破，看到一个不一样的自己！

我相信接纳不完美的自己比什么都重要!

人际关系必修课

用健康和热爱过好这一生

■ 团团

天赋优势教练

高客单成交教练

致力于帮助 1000 人找到天赋、活出自我你好,我是团团,一个没上过大学的"90后"农村姑娘。

我想问你一个问题,你认为人生中最重要的事情是什么?2012年离开职业培训学校时,我对人生并没有什么规划,满脑子只有一个念头——成为"打工皇帝",第一个小目标是在公司成为仅次于老板的"二把手"。

10 年奋斗,我攀上了职业高峰

对于我这样一个农村姑娘来说,要想实现这个目标,还真不是一件容易的事情。还记得刚离开学校的时候,很多亲戚都打电话责备我的父母,责备他们没有让我继续上学,说我以后只有进工厂、随意嫁人的命。

说实话,那会儿我挺害怕的,怕自己的人生如他们描述的一样,再也没有光明,所以我只能拼命奔跑。别人在打游戏、睡觉的时候,我在学习、加班;被客户骂得哭,我忍着眼泪,在办公室通宵修改方案;晕倒后,我醒来的第一件事,是赶去公司开会……

2021 年年初,在职场奋斗了 10 年的我,终于实现了年薪 50 万元的目标。那曾经是我很长一段时间的职业目标,甚至是职业梦想,但是真到了目标实现的时刻,我并不快乐。因为长期加班透支了我的健康,我从最开始的"感觉不舒服",变成了头晕、心悸越来越频繁,左手麻痹抬不起来,最严重的时候还晕倒了。一周至少有 3 天在医院挂号、排队看病,剩下的 3 天在公司开会。难受的时候,我只能躺在床上,身体的疼痛令我忍不住流泪。我看着天花板,第一次认真思考,我这样奋斗的意义到底是什么?这,真的是我想要的人生吗?

我不知道。只感觉我的身体越来越差,这样下去不是办法。即便不知道未来的方向在哪里，也要为了身体踩下刹车。就在我纠结和犹豫要不要离开公司、什么时候离开的时候，传来妈妈肺癌复发的消息。那一刻，我的活力好像被抽干了，大脑也停止了思考。

我这么努力地工作，图的就是让爸妈过上好日子，和爸妈一起过上好日子，我们一家人健健康康的啊！我用最快的速度辞去工作，飞奔回家，陪在妈妈身边。

那天晚上，我依偎在妈妈的怀里，软软的，香香的，一切都和小时候一样。这就是家，无论多么疲惫，一回到家里，回到妈妈的怀里，所有的疲惫和不安全感都会烟消云散。

我决定了，我要和妈妈在一起，我想和她一起创造奇迹，即便没有奇迹，我也要陪她走完这段路，不让她留下遗憾！

在黑暗中看清工作的真相

接下来的路该怎么走呢？继续在职场打拼？我去武汉的几家公司面试过，工资不高，每天的工作时间长，我辞职回家的首要目的是照顾妈妈，"996"工作模式令我几乎不可能有多余的时间照顾她，这条路不适合我。

那段时间，我思考得最多的问题是：为什么我工作了10年却一无所有？后来我意识到，原因是这些年我一直理解错了自己和工作的关系。工作需要主人翁意识没错，但我始终把老板和公司的目标凌驾于自己的人生之上，**这么多年加班、学习，都在为完成老板的目标而努力，从来没想过我自己、我的人生目标。**

别人都在为自己积累资源和积蓄实力，而我所做的努力、所做的积累，不过是在为老板创造更多的财富。所以，当我决定离开公司的时候，除了一身病痛，什么都没能带走。

想明白这个道理后，我决定不回职场了，我要为自己的人生做点什么。

在混沌中摸索人生的可能

可是，不上班了，我能做什么？回首过去的 10 年，我所有的时间都给了工作，原本的兴趣爱好被彻底遗忘，我能做什么呢？

尝试做职场博主无果后，我偶然发现一位前同事在做抖音的探店博主，看起来好像可以作为一个探索的方向。经朋友指点，我拉着同样"裸辞"的妹妹，一起开始了探索之旅。苦熬两个月后，粉丝终于突破一千人，拥有了带货权限。当我以为即将有收入的时候，我的身体却不行了，长期加班导致的肠胃问题，在做探店博主时变得更严重，终究不能每天靠胃药度日，我只能放弃。

探索了好几个月，没有成果，没有收入，家里等着用钱，我还能做什么？我坐在小区的长椅上哭了很久很久，我找不到答案。

难道我只能回职场吗？我只有打工这一条出路吗？不，我不甘心，我不相信我做不了自由职业者！

擦干眼泪，调整心态！我决定重新梳理自己的经历，从优势出发，从自己想要的理想生活出发，重新设计路径。就我当时的处境来说，我的脑子里冒出的第一个念头就是健康。在陪伴妈妈的过程中，我去过太多次医院，见过太多痛苦的病人，就连我自己，也因为常年超负荷工作，浑身是病。为了给妈妈寻找更多治疗方案，我看了很多医学书籍，我能不能从这里入手，一边给妈妈找治疗方案，一边用学到的知识帮助别人呢？说干就干，经过一番寻找和考察后，我找到了适合自己的项目。

再恐惧也要保持前行

我通过朋友圈,实现了赚到第一笔钱的目标。

那段时间,我很害怕,也很迷茫,很担心大家把我当成微商,怕最后不仅钱没赚到,还失去了所有好朋友的信任……我也真的收到了一些不理解、不认可,甚至嘲笑的言辞。

但是我没有办法,为了走出属于自己的路,我必须持续行动,所以我坚持学习,坚持在朋友圈分享我对健康的见解。一天,我正埋头学营养课的时候,我的师父珺哥发来一条消息——"你的减肥业务怎么说?我想了解一下。"

珺哥成为我的第一个真正意义上的客户。收到 3980 元的时候,我激动地在家里转圈,哭着大喊:"我做到了!我做到了!我终于有客户了!"紧接着,1 个、2 个、3 个,许多个客户进入了我的生活……我的生意越来越好了!

两个人的重生

正当我以为我会把健康作为终身事业去奋斗的时候,妈妈在一个多天阴雨后天空终于放晴的日子里,离开了。

我仰头看着天空,害怕眼泪会掉下来,我不敢去看有关妈妈的一切,就一个人静静地待着。我一个人在老家,在妈妈住过的屋子里,待了一个月。

我终于接受妈妈去了天堂的事实,而我也要去重建自己的人生。

我不断问自己，我是谁？不为父母而活后，我真正想做的是什么？我想过什么样的生活？

2018年，我许愿——35岁前成为一名优秀的成长教练。我没有上过名牌大学，也没在世界500强公司待过，凭什么带人成长？就凭我自己没有任何学历却能拿50万元年薪的职场经历吗？就凭我从零开始做自由职业者，半年收入20多万元的经历吗？

朋友们不断鼓励我，我的减肥客户也都对我说："你一定可以做好！"

我有点紧张，有点期待，我小心翼翼地问自己："那我可以试试吗？"

为了防止自己退缩，我立刻在朋友圈发了一条动态——"3天后我要分享自己，从月薪1500元到年薪50万元的成长心得！"没想到，1天的时间，就有160多人进入我的分享群。分享的第一天晚上，我没有做任何硬性要求，就有70多人提交了深度的复盘信息。我被这一连串的数字震惊了，也深受大家的鼓舞。

第三天，我要发售自己的产品了，我既害怕，又激动。在即将发售的时候，我还和闺蜜说："要不换个产品吧，比如更便宜的365元/年的年度陪伴？我好怕卖不出去。"结果20分钟，第一期的名额就销售一空。

有了这次经历，我信心倍增，马上去朋友圈发布了自己要做年度成长私教的消息。没想到刚一发布，就有一位朋友立刻付款找我咨询。

我的恐惧和自卑，也被这些正向反馈冲散了，原来当我们做着自己喜欢的事情的时候，可以迸发出这么大的能量！可以吸引来这么多人！

原来当我们做着自己喜欢的事情的时候，可以迸发出这么大的能量！

就这样，我一心一意地服务一个又一个学员。大家不断给我正向反馈，不断做出成绩。我知道，我选对了路，我终于感受到了天赋、热情和意义结合起来的威力，这种感觉好快乐！我甚至感觉这就是我的人生使命。

带着这种使命感和对未来的期待，2023年5月，我注册了自己的公司——顺心商学，还给公司写下了一句话，作为公司的口号：

志坚则心笃，梦远则人清；

顺心则境转，顺意万事成。

结语

妈妈走后很久，我一直反复做同一个梦：梦里，妈妈没有走，她很健康，还是那样活泼开朗，还是那样宠爱我和妹妹。有时候，也会梦到她还病着，但是我们一直在努力寻找办法，我们一家还是那么其乐融融。

前段时间，我学了一个人生目标的课程，课程引导我想象自己成功后的画面，以及为了梦想，会经历哪些重要的事。我看到了妈妈，我看到我每一个成长和进步的瞬间，她都在为我鼓掌；我看到我站在一个硕大的舞台中央，台上灯光闪烁，主持人为我颁发奖杯；台下是我的成千上万的学员，他们在我的带领下找到了天赋和热爱，他们的家人正自豪地看着他们。

我回头看向妈妈的方向，她正在热烈地为我鼓掌，最后，妈妈挥了挥手，好像在对我说："过去10年你很棒，你一直是让我骄傲的女儿，不要回头，未来的日子，为自己活，你值得世间一切的美好。"

妈妈用她的生命，为我和妹妹上了最后的、也是最重要的一课：

什么是人生最重要的事。现在,我和妹妹都构建了新的工作方向和工作内容,妹妹成为武汉小有名气的探店博主,我成为一众学员的天赋和人生发展导师。

人生还有很长的路要走,还有很多工作要做,但我们始终会记得人生最重要的事情是和家人在一起,健康、幸福地过完这一生。

谨以此文献给我最爱的妈妈,谢谢你,妈妈!

人际关系必修课

唤醒沉睡的天赋，
启动人生第二曲线

■ 王峰

企业领导力教练
个人成长教练
国家二级企业培训师

凡事预则立，不预则废！

当前，科技不断发展，长寿时代已经到来，百岁人生不再是梦。年轻人从进入职场到退休，必然经历多段职业生涯，而即使是即将在一家公司做到退休的朋友，也面临着退休后的人生规划。

接下来，我分享设计人生与自我教练的应用经历，希望对大家有帮助。

多元选择，设计人生"奥德赛计划"

2023 年，是我大学毕业后的第 29 年。

在 2023 年初接触到《斯坦福大学人生设计课：如何设计充实且快乐的人生》这本书时，我就开始制订"奥德赛计划"，为自己的人生设计三个可替换的 5 年计划。

A 计划（第一选择）：继续一直在做的工作，即在企业大学中，根据公司的战略业务发展需要，统筹管理和组织规划各类培训项目，促进公司目标的达成；推动企业培训的数字化转型，满足公司数字化业务转型需求。计划三年内全力推进电子化培训，然后再想办法逐步将自己擅长的线下交互式培训与教练辅导方式进行组合，有效发挥价值。

B 计划（第二选择）：从事我心中想要做的工作，即通过陪跑年轻人、投资年轻人、成就年轻人，从而实现自我价值。简而言之，就是从以企业培训为主，走向以个人成长为主。为年轻人做就业、创业咨询和职涯规划，以及帮助年轻人提升职业素养技能，后期还会搭建平台，促进年轻人之间的交流，帮助他们找到志同道合者甚至人生伴侣。

C 计划（第三选择）： 在不考虑金钱和形象的前提下，我想做的事情或者我想过的生活，就是坚持长跑并跑遍世界各地的马拉松赛事，持续阅读，不定期邀请有缘人聚会并倾听他们的人生故事。

设计人生根植于设计思维的 5 种基本心态：保持好奇、不断尝试、重新定义问题、专注与深度合作，帮助我们找到自己做什么事情的时候最投入、最有能量、最快乐。

真正好的人生状态是：我发现了很多适合自己的选择，决定从某个选择开始尝试，最终找到最适合自己的选择。

设计人生，不是要"做出决定，坚定推进"，而是要"边走边看，低成本试错"，持续观察与体验。

设计人生的思路是：重新定义问题，寻找尽可能多的选项，选择一个方案并快速尝试，直至成功。

启动人生第二曲线，众人拾柴火焰高

2023 年 8 月，我对制订的"奥德赛计划"进行复盘，发现 A 计划并不会让我获得最投入、最有能量和最快乐的时刻。我正式开启 B 计划，具体内容包括：

其一，进入高校担任就业与创业导师，帮助学生加速成长；

其二，为应届毕业生与初入职场的年轻人提供职业生涯规划；

其三，规划设计线上课程，采用线上和线下等多种运营方式，帮助年轻人加速养成包括健康运动在内的各种习惯；

其四，筹备整合不同垂直领域的专家与资源，助力年轻创业者度过初创期；

其五，发挥企业培训的优势，与企业合作联动，争取政策支持，建立青年发展学习中心,获得更多资源支持。

我的 B 计划的启动,离不开上海财经大学福建校友会的支持。大家平时在会面交流时,都不约而同地感慨教育、房地产、互联网等各行业的就业形势严峻。校友们都在思考应如何有效地帮助年轻人。

另外,老上级、老同事、老朋友的建议与关怀,赋予我更多的信心、勇气和激情,让我能够勇敢地重新定义问题。其中 DISC+社群的新朋友们也给予了我很多帮助。

在大家的帮助下,我顺利地完成了资料收集和项目创建,总结了 B 计划的多项具体工作内容。我相信,中年人再创业,不应该偏执于追求成功,而应该发掘天赋,与人共赢。

感恩同行,共创共赢

"奥德赛计划"的制订,也与我 29 年的职业生涯紧密关联。

1995 年至 2004 年,我从上海财经大学毕业后,回到家乡的福建财会管理干部学院(现福建江夏学院)就职,担任讲师,负责财政金融学、货币银行学等课程教学工作。

我秉承着"干一行爱一行"的理念,认真备课,做好学情分析和教学设计,以热点话题、幽默风趣的措辞,吸引同学们的注意力,力求让同学们听得懂、记得牢、学得会。我多次被学院评为"优先骨干教师"。

2004 年至 2011 年,我"下海",在广东和上海都"漂"过,从事过商务拓展、客户服务、市场营销管理、人力资源管理等工作,经历过多个部门与岗位的历练。7 年的创业生涯,也是 7 年的社会大学学习生涯,除了在华东师范大学进修学习、获得国家二级企业培训师中年人再创业,不应该偏执于追求成功,而应该发掘天赋,与人共赢。

证书外，我每年至少有 30 个周末参加大咖公开课的学习，还加入了销售训练营、商业模式设计训练营等。没想到担任了近 10 年的大学讲师，又回归社会大学孜孜不倦地学习，学习大师们的理论知识与实践经验，拓展创业所需的视野。其中训练营采用深入人心的体验式教学活动设计，实实在在地帮助我触碰到了人生的意义，我开始尝试构建自己的人生愿景和价值观。

2011 年至 2023 年，我从上海回到家乡福州，选择企业培训方向，进入互联网 500 强公司网龙网络公司的网龙大学，担任培训讲师，开始职业生涯的第三阶段。特别感谢当时领我入门的孔兄和曾总，不仅认可我的高校讲师和创业与管理实践经验，还支持我践行"学习改变命运"的理念。当时我选择这家公司的原因是公司的价值观（真诚、学习、创新、快乐）与我深度契合。我与公司携手同行 12 年，公司的价值观也成为我的价值观，铭刻在我的生命中。

感谢 12 年来"王牌"培训团队的伙伴们对我的信任与支持，以及业务团队的同人和外部专业培训机构的老师们。因为你们，我才能继续孜孜不倦地汲取管理与领导力课程的营养。无论是体验式培训、交互式培训，还是案例教学法、角色扮演、游戏化教学、世界咖啡、团队共创、引导工作坊，我都乐在其中，并能学以致用、知行合一。在 2018 年网龙大学十周年之际，我还代表团队获得《培训杂志》的"中国金牌讲师"荣誉称号，这是对我用心做好培训的激励与肯定。

自我教练，唤醒沉睡的天赋

在 12 年的企业培训生涯中，我在学习上的最大收获是埃里克森的"教练的艺术与科学"中的五大原则和贝克哈德公式的自我运用。

五大原则分别是：人们本来的样子就很好；人们内在已经拥有实现目标所需的资源；人们总会在当下做出最好的选择；每个行为都有正面的动机；改变不可避免。这五大原则对我来说是心法，通过深度地理解它，我无比自信、能量满满。

而贝克哈德公式是：D（不满）× V（愿景）× FS（第一步）＞ RC（变革阻力）。它被我充分应用于生活习惯的养成中，从 2020 年 12 月 21 日至今，我坚持晨跑，累计跑了 3500 千米，获得身体的自由；从 2021 年 7 月 7 日至今，我戒烟，恢复良好生活习惯；从 2023 年 5 月 11 日至今，我坚持早睡早起，获得睡眠自由。

结语

人生，是一段充满无限可能的旅程，任何时候都可以追求成功和幸福。

我们可以运用设计思维进行人生设计，也可以通过自我教练发掘自己的天赋。

朋友，让我们一起学习，知行合一，成为更好的自己！

人际关系必修课

"我是谁"是一个选择和决定

■ 王倩

思维改变生活倡导者
资深人才测评师
国家二级心理咨询师

当一个人追寻生命的真谛，或者在自我认知、个人成长等领域中深度探索时，"我是谁"几乎是绕不开的话题。

"我是谁？我从哪里来？我要到哪里去？"千百年来困扰着一代又一代人。对于这三个问题，大部分人始终找不到答案，我就是其中之一。

早在上小学、初中时，我就常常思考"我是谁""人生的意义是什么"等问题，直到我读大学，这些问题还一直困扰着我。那时的我如同在一团迷雾中寻找出路，却始终找不到方向。所以，每隔一段时间，我就会陷入迷茫。后来，随着年龄和学识的增长，以及进入社会后我有了更多的阅历和思考，对于"我是谁""我从哪里来""我要到哪里去"，我有了自己的认知。这个认知并不是一直清晰可见的，有时候我觉得自己想得非常明白了，但是过一段时间，好像又想不通了。

后来，我在《与神对话》这本书中读到了一段话："你并不是在发现自我，而是在创造新的自我。因此，别试图解答你是什么人，要试图确定你想成为什么人。"

这段话让我豁然开朗，也让我欣喜若狂。**原来人生是可以重新定义的，我可以不去理会过去的和现在的"我是谁"，我可以重新选择和决定"我要成为谁"。**

难怪过去我花了那么多时间探索"我是谁"，却依然缺少方向感。就算我知道了"我是谁"，也依然缺少行动力，因为"我是谁"是对现状的描述，是不断聚焦和排除的过程，"我要成为谁"是对方向或目标的描述，是不断探索和创造的过程，是开放的、面向未来的。

在遇到问题时，我们思考问题的基本逻辑是"是什么、为什么、如何做"，其中"是什么"就是对问题的澄清和聚焦。如果仅仅探讨"是什么"，或者更进一步探讨"为什么"，是无法找到解决问题的方法的，也就谈不上行动了。

同理，"我是谁"也只是对"我"的澄清与界定。即便非常清楚地知道了我是谁，我们却依然不知道接下来要去往哪里、要做些什么。

换一种思路，不去考虑"是什么，为什么"，而是直接思考"期望达成什么样的目标，如何达成"，或许也可以收到良好的成效。

同理，不用过多探索"我是谁，我从哪里来"，而是直接决定"我要成为谁，我要到哪里去"，可能更能够指引我们的行动。

想要知道"我是谁"，也需要清楚地知道"我不是谁"，所以，有时候我们越清晰地知道"我是谁"，就越会受"我是谁"的限制。比如，当我清晰地知道"我是谁"、我的优势与不足是什么时，就会给自己划下明确的界限：有些事是我可以做的，有些事是我选择性做的，有些事是我坚决不做的。尤其是面对自己不擅长的事情时，我的第一反应常常就是——这件事情我做不了。

而一旦我们不去理会"我是谁"，只关心"我要成为谁"时，凡是能够助力我们达成目标的事情，皆是我们可以做的事情。

总结一句话就是——确定"我要成为谁"。

确定"我要成为谁"看似比较容易做到，但在实践中也会出现一些偏差和反复，需要重点关注以下三点。

"我要成为谁"的设定可长可短

"我要成为谁"可以是长期目标，也可以是短期目标，可以作为

人际关系必修课

长期的职业生涯规划，也可以作为短期的工作努力方向。不论我们对于"我要成为谁"的设定是长期还是短期的，是宏观的还是具体的，都可以根据实际情况进行修正调整。目前处于迷茫期的人，可以先明确短期内自己想要成为谁。

我国著名物理化学家张存浩，是我国高能化学激光的奠基人、分子反应动力学的奠基人之一。张存浩对于"我要成为谁"有非常清晰的认知，他曾说过："从青年时代起，为自己树立的最大科研人生理想，就是报国。国家的需要，就是我的研究方向。"因此，他的职业生涯，一共进行了三次转行，每次都是响应国家的需要。

张存浩在密歇根大学获得化学工程硕士学位。学业有成回国后，当时的新中国面临着贫油的困境，为了响应国家所需，张存浩投身于水煤气合成液体的研究。

20世纪50年代，火箭推进剂作为"两弹一星"的重要燃料来源，被提升到国防安全与尖端技术的层面之上，张存浩在"资料少……几乎是从头做起，非常艰难"的情况下，毅然转向火箭推进剂的研究。

1973年，张存浩第三次转行。他发起并组建了激光化学实验室，在没有文献资料、没有仪器设备、理论借鉴为零的情况下，张存浩率领团队研制出我国第一台化学激光器，整体性能指标达到当时国际先进水平。

张老对个人的定位既有长期的信仰和追求，也有短期的、与实际相结合的目标。在这种长期目标和短期目标的指引下，张老即便面临多次转行，依然可以全力以赴地投入工作，并且都取得了优异的成果。

对"我要成为谁"要充满信心

要充分相信我们可以成为任何人。

假设我选择"我要成为一名培训讲师",但是我在设定这个目标时,我压根不相信我能成功,我认为自己口才不佳,知识储备不够,资质太浅,不可能有人愿意花钱请我上课,等等,那么,我还会朝着成为培训讲师的方向积极采取行动吗?我还会认真准备课件吗?我还会不断琢磨如何表达自己的观点吗?我还会争取上台授课的机会吗?不会,因为我不相信我可以成为一名培训讲师。

在影片《幸福来敲门》中,主人公始终用积极乐观的心态面对生活,相信自己可以成为有钱人。即使在他一无所成,妻子离他而去,甚至靠救济金生活的时候,他也在积极寻找一切机会保障自己和儿子的生活。而一旦机会出现时,他就锲而不舍地争取机会,最终也收获了幸福。

在影片中,主人公对儿子说过这样一段话:"如果你有梦想的话,就要去捍卫它。那些一事无成的人想告诉你,你成不了大器。如果你有理想的话,就要去努力实现。"

充分信任自己是决定"我要成为谁"的重要的因素。

要时刻谨记"我要成为谁"

即便我们很清楚"我要成为谁",可是一旦忙于日常的工作和生活,目标就会被淡化和遗忘,所以,我们要时时刻刻铭记于心,可以每天复述无数次"我要成为×",直到它成为我们日常所思所想、所行所说的基调。

充分信任自己是决定"我要成为谁"的重要的因素。

一旦我们决定了"我要成为谁",短时间内就只想这一个目标,不要再想其他可能性,直到我们真的成为想要成为的人。

结语

生活是创造的过程,我们想要什么样的生活,关键就在于我们选择或决定成为什么样的人。现在的"我"是由我过往的选择造就的,未来的"我"取决于我当前的决定。所以,与其执着地追寻"我是谁",不如去选择"我要成为谁",并且付诸行动。

种一棵树最好的时机是十年前,其次是现在。

人际关系必修课

如何通过 DISC 进行职场的有效沟通

■ 王新宇

团队管理践行者

有效沟通在职场中具有非常重要的作用。**通过良好的沟通技巧，员工可以展示高效解决问题的能力、团队协作的能力和领导能力**。不断提升沟通技巧对于一个人的职业发展和成功至关重要。

如何提升沟通技巧

良好的沟通能力，有助于更好地与他人合作，解决问题，并实现自己的目标。利用 DISC 提升沟通技巧通常被归纳为以下五点：

（1）**全面兼顾 D、I、S、C 4 种特质，清晰地表达**。

清晰、明确地表达自己的想法和观点是有效沟通的基础。读书、写作和演讲等方式都可以提高表达能力。同时，可以多练习表达自己的意见和看法，与朋友、同事和家人交流，听取他们的反馈和建议，逐步提高自己的表达能力。

（2）**调用 S 特质，倾听和理解对方**。

有效沟通不仅要表达自己的想法，更要倾听和理解对方。要学会倾听他人的观点和需求，尊重不同的意见和看法。可以通过多问问题、复述对方的话、表达自己的理解等方式来确认自己的理解是否正确。

（3）**凸显 I 特质，运用非语言沟通技巧**。

除了用语言表达外，面部表情和肢体语言也是非常重要的。要学会用眼神表达关注和尊重，用姿势和手势来增强自己的表达效果。通过 DISC 行为风格理论了解自己，尽量避免自己在沟通中的弱点，如 D 型人与 I 型人沟通时，需要调整自己的姿态和语气，保持积极的态度和微笑。

（4）**巧用工具，提升冲突管理能力**。

不断提升沟通技巧对于一个人的职业发展和成功至关重要。

在沟通中，难免会出现意见分歧和冲突。要学会利用系统解决问题的沟通管理工具，如 DISC，以平和的心态面对和处理冲突，尝试理解对方的立场和需求，提出符合双方共同利益的解决方案。

（5）激活 S 特质，接受反馈和建议。

提高沟通技巧需要不断地学习和实践。比如 D 型人和 C 型人在沟通中要学会听取他人的反馈和建议，认真思考并尝试改进自己的沟通方式。

运用 DISC 了解不同类型的沟通风格

DISC 是一个系统解决问题的方法论，也是一个管理沟通的工具，可以增加自我内在的力量。运用 DISC 能更好地理解在工作中遇到的人的不同行为风格，预测不同类型的人在不同情境下的反应，从而得出应对策略。

运用 DISC 了解不同类型的沟通风格分为 5 个步骤。

1. 第一步：知己

你了解的自己不一定是别人眼中的你。我在第一次深入学习 DISC 时，老师让大家评价我，我一直自以为我是 D 型，但是学习小组的伙伴对我的评价是 I 型，别人眼里的我和我自己认为的我差别很大。利用 DISC 测评工具可以更加客观了解自己的行为特征和交际风格。

2. 第二步：知彼

提高人际敏感度，学习了解他人。在与他人交流时，可以根据他们的行为特征和交际风格，判断他们属于哪种类型。这需要观察和分析他们的语言内容、表达风格、决策方式、肢体语言等。

3. **第三步：调整自己的沟通风格**

当我们系统了解了自己和他人的行为特征后，可以根据实际沟通目的和场景，调整自己的风格，以便更好地与他人交流和合作。例如，采取直接、理性的方式与 D 型人交流；采取开放、灵活的方式与 I 型人交流；与 S 型人交流时，要表现得尊重、有耐心等；与 C 型人交流时，强调规范和流程。

4. **第四步：适应不同的场景**

在不同的场景中，需要采取不同的交际风格。例如，在规范性强的工作场景中，需要调用 C、S 特质，更加注重流程和规范，尽量不穿张扬、随意的服装；在一般的社交场景中，可以调用 I、D 特质，灵活、主动地与人交流。

5. **第五步：持续刻意练习**

DISC 是一种行为调试系统，重在践行和养成习惯，所以需要持续刻意练习。

DISC 在两种典型职场沟通场景中的运用

在职场中，可应用 DISC 恰当地预测和理解沟通对象的行为风格，及时调整我们自己的沟通策略，以实现更好的沟通效果。下面剖析两种典型的职场沟通场景。

1. 与上级沟通

（1）**了解上级的类型**。通过观察和分析上级的行为特征和交际风格，了解他们属于哪种类型。

（2）**与上级的沟通方式**。根据上级的类型，调整自己的沟通方式以适应他们的需求。例如，如果上级是 D 型，可以采取直接、理性的方式，简明扼要地表达自己的观点和建议；如果上级是 I 型，可以采取开放、灵活的方式，注重情感共鸣和形象化描述；如果上级是 S 型，要对其展现出耐心、尊重，给予其安全感，注重细节和计划性；如果上级是 C 型，可以强调规范和流程，提供翔实的数据信息等。

（3）**尊重上级的决定**。我曾就职过日企、民企和国企，我发现与不同类型的上级沟通，首先要发挥 S 特质，尊重上级的决定，这是沟通中最重要的前提。沟通时，我们可能会对上级的决定存在异议，在可以表达自己的观点时，针对上级的类型，选择合适的表达方式和语言，可以起到事半功倍的效果。

D 型领导通常具有很高的目标，很自信，喜欢竞争和挑战。与这类领导沟通时，要直接、简洁明了，避免模棱两可和拐弯抹角。同时，要表现出自信和决断力，提供清晰的目标和方案。

L 总是一家公司的市场部经理，经常在开会时直接指出问题，喜欢快速做出决策。在一次和他的谈判中，他对我们部门提出的数据测算提出质疑，表示十分不满意，不喜欢我们的长篇解释，并多次打断我们的阐述。我调整沟通策略，简洁明了地阐述，直接给他提供方案，列出精细的支撑数据，和他的沟通就顺畅了很多。

I 型领导通常善于表达和交流，喜欢通过人际关系来建立联系。

与这类领导沟通时，要表现出热情和积极性，主动交流和分享想法，同时要关注领导的情绪和感受。

某公司的一把手是典型的 I 型领导，他喜欢充满活力和创造力的沟通方式。在产品评审会议上，他要对不同组的不同产品进行评选，选出有创意的产品改革方案。某个组的组员在会议上用生动、形象的语言描述了产品改革方案的效果和价值，并采用情感共鸣的方式成功地打动了这位领导，最终该组的方案得到了这位领导的大力支持。

S 型领导通常注重团队合作和人际关系。与这类领导沟通时，要注重细节和计划性，提供详细的方案和计划，同时要关注领导的情感需求，对其表现出关怀和支持。

某部门经理是典型的 S 型领导，他非常注重团队合作和人际关系，他遇到了一个棘手的问题，员工要求公司提供更多的承诺和保障，否则就离职。后来，一位聪明的下属主动提出了一个详细的计划，包括提供更多的培训机会、加强团队建设、为员工及家属提供相关福利等措施。这位下属的计划关注细节，对稳定团队有帮助，取得了 S 型领导的支持和信任。

C 型领导注重规则和流程，喜欢根据数据和事实来做出决策。与这类领导沟通时，要注重数据准确和逻辑的清晰，提供详细的报告，避免主观臆断。

某公司财务部经理是典型的 C 型领导，他注重数据的准确性和逻辑的清晰与否，喜欢通过数据和事实来做出决策。在一次业务模式的选择会议上，他发现一个方案的操作便利性符合政企部门的工作便利性要求，但是费率比其他方案高。解决方案提供方在会议上主动提供了详细的数据和报告，说明成本较高的原因，并采用清晰、准确的语言进行沟通，使这位 C 型领导拍板决定使用这个方案。

判断不同类型领导的沟通风格，采用相应的沟通技巧和方法，可以建立有效的沟通和合作关系。

2. 跨部门沟通

（1）**确认沟通目标**。明确跨部门沟通的目标，主要有三类：解决问题、传递信息、协调资源等。

（2）**确定沟通风格**。根据 DISC 行为风格理论，分析对方的行为特征和沟通风格，采取相应的沟通方式。

（3）**有效提问和复述**。在沟通中，通过有效提问，可澄清问题，了解对方的观点和需求；通过复述，可确认自己的理解是否准确。

（4）**建立合作关系**。在跨部门沟通中，可以通过共同制订计划、分享信息、互相支持等方式，增强合作意识和团队凝聚力。

（5）**监测和改进**。在跨部门沟通后，要及时监测沟通效果，总结经验和不足，不断改进和完善沟通技巧和方法。

人际关系必修课

在四十不惑的年纪，走上自我修炼之路

■ 吴翠峰

全国儿童专注力连锁品牌大区运营总监
人工智能儿童注意力测训师

2017 年，我第一次接触 DISC，那时参加公司的人岗匹配测试，我的测试结果是 DC 型，与我的岗位市场总监的匹配度比较高。但是那时候的我带团队的经验不多，更不懂得借助这个工具来补齐自己的短板，所以不可避免地经历了一次很惨痛的失败。

2018 年离开央企，4 年后，我转入了教育赛道，开始接触儿童专注力，这时才知道除了成年后努力习得的认知、方法论、技巧外，专注力水平也制约着我的学习效率以及人际关系的发展。

开启自我觉察之路

求学时期，我上课很容易走神，上班后跟老板开会也有这个现象，总是要不停地记会议笔记才能帮助自己集中注意力。后来，我做了测试，知道这是因为我的注意力觉醒度比较低，需要肢体动作让自己保持亢奋，才能保持专注的状态。突出的 D 特质，让我主动对外寻求刺激以补偿需求，所以我对新奇事物有极强的好奇心，在学习上就很容易挑老师，喜欢风趣幽默的老师，在工作上则表现为很难安于现状，总是更换职业，寻求更强的刺激。

我对危险信息和人际关系的反应比较迟钝，再加上 DC 型只关注事情的特点，又让我不善于表达情绪，更不会主动建立关系。与人相处时，我能觉察他人的情感跟情绪变化，却始终没办法做到共情。我很难回应别人的情感诉求，别人在表达情绪的时候，希望得到安慰鼓励，而我往往只帮对方分析问题，却不肯回应对方的情感需要。

通过对注意力、脑科学和心理学的深入认知，我渐渐地开启自我觉察。**我能清晰地感受到在人际交往中，我的处事方式的缺陷，驱使自己采取行动，做出调整，接纳自己的不足，给自己支持。**

Hui 是我曾经很好的工作伙伴，也是我现在的好闺蜜。以前，我曾多次抱怨她几乎对所有人有求必应，每天忙于应付那些没有必要回应的请求。后来我发现，她儿童时期有轻微多动的情况，而这种多动倾向在她成人后发生了转移。随着年龄增长，人类的前额叶在 16—18 岁的时候发育成熟，这让我们有能力去抑制一些没必要的小动作。但是多动不会消失，它只是发生了转移，每个人的生长环境不同，多动转移的方向也不同。Hui 的父亲是军人，做事严谨、顾虑周全、有极强的行动力，对待家人细致周到，她的父亲对她的影响很大。由于家教很严，所以 Hui 的多动就转移为对所有外界信息的及时响应，这让她的生活总是充斥着各种琐碎的事情。她疲于奔命地回应他人的请求，也会觉得很辛苦，但还是忍不住一一回应。她在工作上也表现得非常有行动力，总是风风火火的，一刻都停不下来。

Hui 是加拿大名校硕士，也修习过幼儿教育，因为工作的关系，还学习了心理学和家庭教育相关知识，对孩子的教育也非常上心，从小为孩子做学习规划，与孩子教育相关的事情都亲力亲为。她采用西式开放的育儿方式，凡事充分尊重孩子的主观意愿，不专制，但是因为多动的影响，她依然会忍不住唠叨，虽然她清楚这种行为很不好，可是她没办法控制自己。当她能量越低的时候，这种情况就越严重。

最开始，我还会提醒纠正她的这种行为，觉察到她的多动问题后，我立刻明白了，这是她补充自己多动需要的方式，也看到了她在多么努力地对抗自己的多动。我瞬间对她产生了更多的理解和包容，当她的这种多动响应行为出现时，就先让她把这些动作完成，然后倾听、给予她更多的情绪认同，让自己更多地输出情绪价值，而忽略事件本身。

以前我是个非常不喜欢孩子的人，大部分孩子在我眼里都是熊孩子，跟朋友聚会都要提前说好不带孩子。阴差阳错进入了儿童教育领域后，我接触了很多与儿童能力发展相关的专业知识，包括脑科学、认知心理学、家庭教育、儿童发展规律等。当我再面对每个小朋友时，我的C特质就被充分发挥出来，我看到的都是孩子发展的优势表征以及在这些背后他们的父母所花费的心血，同时也看到他们不足的地方。本体感好的、对自己要求比较高的孩子，会很辛苦地跟自己的不足抗争。本体感比较弱的孩子，畏难情绪比较严重，很难抗争，这是由于家长在养育过程缺失专业的养育知识，没有及时做出正确的引导所致。每个孩子都是小天使，都有自己的特点，每个孩子都行走在属于他自己的人生轨道上。这种对孩子和家长的觉察，让我能在与孩子和家长交流的过程中，非常显性地调动I特质主动与他们建立关系，去认可孩子、与家长共情。**对安全感缺失的孩子，我会自发地花更多的时间陪伴他，满足他的需求，答应他的任何事情都会做到，让他能感受到被关注，获得安全感。**同时，我也发现，在与孩子的相处中，我不仅没有消耗能量，甚至得到了能量，因为我也被治愈了。而面对大部分家长，我也能得到正向反馈。

自我觉察并接纳自己以后，我的内心变得更有力量了，爱自己才有能力爱别人。自从以底层能力发展的视角去看待丈夫后，他在我面前变得不一样了。过往几年，我们的争吵很多，互相不认同，彼此都觉得是在迁就忍让对方。2017年，我们用DISC测评工具做测评，我们的婚姻适配度才40%。自从转变视角后，我看到了他的优点，对他少了责备和要求，多了理解和接纳；把注意力放在如何让夫妻关系更舒适上，尊重他自己作为独立个体的需求，给彼此空间，让我们都能恢复能量。后来，我们重新做了测评，我们的适配度居然提升到了自我觉察并接纳自己以后,我的内心变得更有力量了,爱自己才有能力爱别人。

80%。他的 S 特质增加了，在日常生活中，为我提供了更多的支持，我们互相陪伴，一起成熟和成长。

这是我近 5 年的修炼过程。特别感谢我的前东家，让我有机会接触儿童注意力，让我能遇见更好的自己。

新的成长困惑

都说四十不惑，我却在 40 岁即将开启新征程时，增添了很多困惑。

在人际交往过程中，我的能量消耗得很快，需要休息和恢复，总是做不到轻松自如地与人交往。是否有方法或者工具帮助我在与人交往时，相对轻松些？

我能发现身边朋友的问题，能与她共情，能帮她一起想解决方案，但是在她特别消沉、能量特别低的时候，我始终没有好的方法帮助她摆脱消极的情绪。我感觉自己对于别人的帮助不大，自我价值感也比较低。是否有方法帮助我在这方面突破，与他人建立更深入、更有价值的关系？

我能看到孩子的问题，但是解决问题的效率比较低，孩子的性格不同，需要的引导方法也不同，而我恰恰缺少这方面的经验。因为引导不起作用，导致孩子不配合，结果总是不尽如人意，这让我又困扰又挫败。是否有高效的引导工具或者通用的方法？

在婚姻里，我与丈夫已经构建了比较舒适的相处模式，但是我们互相给予对方的向上的动力不够。我既不能调动他对生活的热情，我也没办法从婚姻中获得更多的能量。我们不给彼此压力，同时也对生活少了热情。是否有更好的调整方式？

2023年6月,我很幸运因岸枫老师的推荐,接触了DISC+社群,参加了两次DISC工作坊。我看到其他前辈用DISC这个工具修炼自己,还看到坤阳老师和瓜爸将DISC和4D教练技术应用于育儿领域的可喜效果,我惊喜地发现我找到了消除这些困惑的方法。

漫漫修炼路,相信有社群前辈们的指导和陪伴,我的成长会更快。

人际关系必修课

送给职场妈妈的 DISC 育儿陪伴法则

■ 甘运霞

妈妈好绽闺蜜圈创始人
身心整合芳香情绪疗愈师
5—18 岁优势升学规划师

我是一个出生在农村的女孩,有着高 D 特质,身上总有一股不服输的劲儿。我是家里的独生女。在那个年代,父母总是受到亲人的嘲讽,他们都觉得生个女儿没出息。我从小就不服输,想为父母争口气。从上幼儿园开始,我就非常受老师的喜爱,从小学一年级开始就名列前茅,年年拿奖学金。

在初中那年,妈妈生病,家里经济困难。虽然我考上了最好的重点高中,但我还是选择了放弃,选择了改变我一生命运的泸州化专(现四川化工职业技术学院)。

在这里,我遇见了生命中的第一位精神导师——班主任刘妈。她的笑容总是那么美,像花儿一样。她懂得班上每个孩子的特点和优势,并给予他们最好的支持。

刘妈看出了我的胆小、自卑,为我争取了贫困生的补助,并推荐我陆续担任组织委员、学习委员、副班长,不断地把我推上讲台,锻炼我的自信心。我参加了学校的新生演讲比赛、三校联谊的英语演讲比赛,最后还上了泸州市电视台。

在这三年里,我慢慢突破着、蜕变着。

刘妈说,像我这种成绩好的孩子一定至少要取得本科学历。18 岁那年,我来到深圳,进入一家台资厂。我把除上班以外的全部时间都投入到自学自考中,取得了广东外语外贸大学自考本科的毕业证。后来,我顺利进入外贸行业。因为热爱心理学,我还自修了湖北大学的心理学本科。

在 22 岁那年,我遇见了在华为工作的老公。老公在他 27 岁那年,选择了辞职创业。在创业路上,我们从一无所有,到在深圳拥有了自己的车子、房子、公司,公司年产值从 30 万元增加到几千万元。

看起来，我的人生挺圆满了。我就是这样，一路不服输。我感觉在学习和工作中好像没有什么可以真正难倒我的。遇到问题了，就去想办法，主动寻找解决方案。

直到孩子们的到来，我成为三个孩子的妈妈，我发现职场妈妈，最难的挑战是家庭与事业的平衡问题。

在育儿这条路上，我踩了太多的"坑"，内心深处对孩子有着满满的爱，却不知如何爱他们，以至于用错误的方式伤害了孩子。

在大宝 5 岁那年，我整夜睡不着。我想，在事业上，我是一个成功的女性，可在孩子的教育上，我却是一个失败者。我和老公说，与公司经营有关的事务，我要放下一段时间了。我是一个妈妈，我得去学习。

于是，从 2014 年开始，我就疯狂地去各种学习平台学习，每年线下学习 80 多天，前后在教育上投资几百万元。持续 8 年的学习也换来了一个全新的我。

在 2019 年，带着对教育的热爱，我创立了溪园教育和莘园丁品牌，共录制了 400 多节课程，通过社群帮助上千名妈妈从育儿的困扰中走出来，重新收获幸福。

2021 年，我将品牌升级为一书一图，利用优势陪伴的"三能系统"，帮助孩子构建动能、学能、效能。

2022 年，我师从北京王姐的升学团队，系统学习优化 2—18 岁的优势升学规划系统，帮助上百个家庭做一对一深度的家庭评估、孩子优势评估、学业规划，助力孩子们成功。

2023 年，我发现我服务的妈妈们，特别是职场妈妈们，有很多的无奈。**就像当初的我一样，既要在职场中打拼，又要在自己喜欢的**

事业中成长，还要肩负孩子的抚育，很难保持平衡。

有能量的妈妈才是一个家庭的稳定核心。我推出以"妈妈好绽"为核心的系列服务内容，以提升妈妈的情绪力、陪伴力、心智力、财富力为目标。

职场妈妈其实有特别多的优势，如何把职场中的优势充分运用到家庭育儿中是我思考的重点。

海峰老师说："凡事必有四种解决方案。"我和大家分享我结合DISC总结出来的万能育儿法则，可以轻松应对各种陪伴场景。

D：目标感、行动力、控制欲

1. 陪伴目标

在孩子5岁时，我一直在思考，教育的目标到底是什么？是幸福，是成功，是让孩子成为他自己，还是别的？

直到遇到NLP泰斗李中莹导师，他说："父母的育儿目标是帮助孩子发展出他能独立面对人生的能力。"我才明白，教育的目标应该设定为以下几种：

终生目标是帮助孩子独立，找到自己的优势，走在优势赛道上，获得快乐。

中长期目标是帮助孩子进入能实现他梦想的学校和专业。

短期目标是学习成绩，包括某个特长、兴趣的学习或阅读能力的培养等等。

设定目标是职场妈妈的优势，妈妈可以通过沟通和孩子共同制订目标，这样就与孩子有了共同的语言和内驱力。

有能量的妈妈才是一个家庭的稳定核心。

温馨提示：妈妈容易不自觉地把自己的想法强加给孩子，把自己的期待、愿望、目标灌输给孩子。这是对孩子自主感的最大破坏。

2. 行动力

D 特质的一个方面就是有行动力。

有目标，有动力，再配上行动力，效果就在眼前。

温馨提示：在陪伴孩子行动的路上，妈妈最容易犯的错误是追求完美主义。我们应该给予孩子充分的信任，对于孩子而言成功是好的，失败也未必一定是坏的，失败后再学习改进就是成长。我们无法代替孩子去体验，孩子的每一次真实的体验构建了他成长的经历，他的能力也在这个过程中不断提升，自信心也在持续增强。这些足以支持他过好自己的人生。

3. 控制欲

好的教育就是去除阻力，增加动力。

一个孩子最大的渴望就是成为他自己，他渴望自己做主，获得自主感、胜任感、归属感。而家长不自觉的强势控制却是破坏孩子自主感的最大敌人。这也是我在育儿路上踩的最大的"坑"。

因为从小的经历，我要强，以自我为中心。面对孩子的事情，我觉得是爱，但总是剥夺了孩子的自主权。我的强势控制与包办思维，深深地伤害了大宝。他是一个 D 型孩子，被我这个 D 型妈妈伤得很深。还好，我及时反省，重新用正确的方式与孩子相处，把孩子的自主权交还给他，让他绽放出最美的生命状态。

I：有趣、好玩、轻松、快乐

天下没有不爱学习的孩子。

我们做过调查，孩子从小时候就对世界充满好奇，处处时时地学习。到了学校后，有了评价标准，孩子做得好的时候，没有得到正向反馈，而没有做好的时候，父母、老师都会马上指出，慢慢地，孩子就会对学习失去热情和兴趣，因为他一想到学习就是痛苦、被批评。

当我们头痛孩子的学习时，我们可以思考：平时，自己或老师在孩子的学习方面做了或说了什么，让孩子不开心？如何调整？

针对孩子的负面行为，比如抱怨同学关系不好或学习难，我们可以转念，思考孩子的负面行为背后的正面意义。孩子用语言来表达他内在的负面情绪，抱怨背后是孩子的无力感，渴望得到妈妈的支持和陪伴。这既是一个提升自我能力的机会，也是促进亲子关系的机会。

除了转念外，我们还需要思考，用什么方式可以帮助孩子更轻松快乐地学习？

当目标越聚焦、任务量越小的时候，孩子会觉得更轻松，因为轻松、不费力，所以就更容易快乐；因为快乐，所以就更容易获得成功。

温馨提示：孩子不轻松快乐，只觉得压力沉重，所以想逃避学习。我们可以为孩子设置一个个小目标，使孩子不费力、逐步地完成学习任务。

S：倾听、温暖

职场妈妈特别不容易。

我们倾听、陪伴好孩子的前提，是先倾听自己、温暖自己。只有足够爱自己，我们才有爱给孩子。

倾听分为三步：第一步，描述事实；第二步，表达感受；第三步，期待目标。

以下面这个例子为例。

下班回到家，你看见孩子在玩游戏，你想发火。

你可以用手按着自己的胸口，深呼吸，先让自己平静下来。平静下来后，你可以和孩子聊聊："妈妈刚进家门时，看见你没有做作业，而是在玩游戏，我感觉到心里有一股无名火在燃烧。因为妈妈担心你的作业完不成，影响睡眠时间。妈妈希望你可以先完成作业再去玩游戏，可以吗？"

真实的话语最有力量。接纳自己的脆弱，才能接纳孩子的脆弱和情绪，让自己和孩子都有安全感，从而去面对生活中的一切困难。

温馨提示：如果当下做不到及时管理情绪，也不要责怪自己，请先接纳、看见自己的情绪。

C：利用数据

有时，孩子不爱学习是因为没有高效的方法。

在陪伴孩子的过程中，可以用一些表格、数据来记录，让孩子看到自己每天一点点的进步。这些小小的进步会凝聚成大大的成就感，帮助孩子持续学习下去。

用好 DISC，可从制订目标，到采取好玩的、轻松的行动，再到遇到挫折时倾听，以及取得成功时，及时鼓励、欣赏，形成一套高效的陪伴孩子的方法。我们在陪伴孩子成长的过程中，不断反思、总结、优化、调整，育儿之路定会越来越平坦，越来越轻松。

当然在育儿问题上，还可能涉及到家长的原生家庭以及价值观问题。我们也有全套的家庭评估系统，帮助每个家长看见自己，看见孩子的优势，以及矛盾的冲突点，让全家更理解、支持彼此，让爱在家里流动起来。

愿每个妈妈都能接纳自己，喜欢自己，爱上自己，找到自己天赋优势，活得精彩。

一个爱笑的幸福的妈妈，是送给孩子的最好的礼物！

人际关系必修课

利用 DISC 做好亲子教育和企业培训

■ 严丹

经济师
企业高级培训经理
心理咨询师

本文开始之前,我想先带领大家看一段对话。

我:"老师有58块糖,平均分给6个小朋友,每个小朋友可以分得几块?还剩几块?"

糖豆:"咦?糖?是糖豆吗?小朋友怎么可以吃我?"

我:"不是吃你,就是普通的糖,你计算一下。"(我感到无语)

糖豆:"我最喜欢吃糖了,要是我答对了,能也用糖作为奖励吗?"

我:"不能,答对问题是你应该做的。"

糖豆:"妈妈,你知道吗?我们班×××同学因为经常吃糖蛀牙可严重了。"

我:"那你就更不应该吃糖了。"

糖豆:"可我没有蛀牙呀!"(糖豆说完,龇牙咧嘴让我看)

我:"我现在不关心你有没有蛀牙,我只关心你会不会做这道题,你是不是不会做?"

糖豆:"妈妈,你生气的时候脸上的肉在颤抖。"(糖豆用小手捏自己的脸比画)

我:……(即将发火)

糖豆:"妈妈,我想去小便。"

我:……(火山即将爆发)

糖豆就是我的闺女,是时而不断向我发射爱心的天使,时而状况频出的"闹海小哪吒"。在学校里,糖豆特别受老师和同学的喜欢,永远是那个积极举手回答问题的孩子。一年级时,老师问:"哪位同学勇于推荐自己,来当一当班长啊?"话音刚落,糖豆就举起了手:"我来!"就这样,她轻而易举地当上了班长。她是全家人的开心果,可一到学习的时候,她就变成了让全家人头疼的"马小虎"。

大学时期,我学的是师范专业,毕业至今十四载,一直从事人力资源管理及企业培训工作。我的学习和职业经历告诉我,每个人,不管是孩子还是大人,都有自己的性格特点。**对于孩子,不要焦虑,要正视孩子的性格,用正确的方法与孩子相处。**

学完DISC行为风格理论,我知道每个人身上都有D、I、S、C四种特质,D、I、S、C四种特质没有好坏对错之分,都是人的特点,用好了就是优点,用错了就是缺点。

那么,基于DISC行为风格理论,我该如何与糖豆相处呢?

糖豆是I型人格,她乐于助人、积极主动、喜欢表现,但缺乏耐心和自控力,很容易因为外界的一些变化而分散注意力。

因此,在对糖豆的教育中,我尽量让她的生活丰富化、学习多样化,比如把写作业设置成闯关游戏,一环扣一环,既增加了学习的趣味性,又增加了她的成就感。这个游戏可以持续好几天,不至于令她很快觉得乏味;关卡还可以逐步增加,勾起她的好奇心,令她可以一直把事情做下去。第一天做的时间短一些,第二天做的时间长一些,然后一天天延长时间,她就会适应。

家长学习DISC行为风格理论,要明白人的性格不是一成不变的,每种类型的孩子都可以有很好的发展。 作为家长,我们的任务就是要帮助孩子变得更好。

回到工作,企业培训是一个良心活,还是一个辛苦活,更是一个技巧活。

培训需要眼观六路、耳听八方,想要做好,就需要观察学员、感受学员。过去,我观察得不大准,学习了DISC行为风格理论以后,就可以用DISC行为风格理论来观察学员了。

D型学员, 进取心强、独立性强、控制欲强,行动迅速、精力充沛,每个人,不管是孩子还是大人,都有自己的性格特点。

不达目的誓不罢休，敢于接受挑战并渴望成功，说话坦率直接。

课堂上，D型学员往往语速较快，声音响亮却生硬，表情相对严肃，眼神直接，冷漠，喜欢当小组长，表现得较为强势、缺乏耐心、目标感强。

I型学员， 表现力强、情感丰富而外露，喜欢开玩笑，乐观、积极，喜欢自由自在，不喜欢受拘束，追求与众不同，人缘好，容易接纳别人。

课堂上，I型学员语速较快，声音响亮生动，表情丰富，动作幅度大，精力充沛，眼神直接，热情洋溢往往能活跃气氛，情绪起伏较大，容易走神。

S型学员， 心态平和，追求和谐的人际关系，善于倾听，为人宽容，喜静不喜动，需要安全感。

课堂上，S型学员语速缓慢、声音柔和，动作相对缓慢，眼神闪避，不主动与陌生人接触，愿意让步，参加小组活动时配合度很高。

C型学员， 安静内敛、踏实稳重，注重承诺、责任心强，善于思考分析，有条理，追求细节，是完美主义者。

课堂上，C型学员语速缓慢、声音柔和，表情严肃，动作缓慢，眼神闪避，不主动与人交流，表现较为拘谨。每逢遇到问题，总是思索很久才回答，一旦开口便很有逻辑。

为了让每个学员都融入培训，企业内训师需要针对不同类型的学员设计不同的授课风格，确保每一位学员积极参与学习。

对待D型学员，内训师需要：

（1）加入大量的事实、数据和案例，不要只讲观点。

（2）说明培训内容或辅导内容时，逻辑要清楚，条理要清晰。

（3）简短讲解，避免啰嗦，直接说重点。

（4）为学员提供独立思考和尝试的机会。

（5）注重时间管理，确认每项活动指向的学习内容和学习目标。

（6）设计参与感强的活动。

例如企业的中高管培训项目设计，一般来说，企业的中高管都是D型，他们参加培训不仅仅是为了提高管理技能，更是为了提高管理效率，因此培训的内容需要紧密结合企业和他们的实际需求，教学目标要明确，否则他们可能根本不来参加培训。

如果只是单纯地让中高管们听课，可能会极大地影响他们的积极性，因此，此类培训形式应该从交互性、体验性和互动性三方面着手，给予中高管更多参与感，帮助中高管学习管理知识。例如，引进沙盘模拟，模拟企业实战中的各种典型问题进行推演，各小组成员共同分析问题、制订决策；组织 CEO 圆桌会议，带领中高管一起分享经验和人生感悟；邀请业内知名人士做演讲，并引导中高管参与讨论。

对待 I 型学员，内训师需要：

（1）营造轻松、舒适的课堂氛围。

（2）多鼓励、多肯定、多赞赏 I 型学员。

（3）互动设计多样化。

（4）以体验式教学为主，多策划讲故事、角色扮演、画图等创造性的活动，让 I 型学员参与其中。

例如销售人员培训项目设计，这类人员一般都是 I 型，培训内容中过多的产品知识、销售流程、公司政策会使他们感到无趣、走神，严重的甚至会玩手机、早退。如果在培训当中加入体验式教学，效果则会大有不同。丰富的体验式教学活动能活跃氛围；小组竞赛会激发他们的竞争意识；哪怕是赢得了一面流动红旗，也会让他们觉得自己的努力受到了表扬；如果让他们上台分享经验感悟，他们一定会非常开心。

对待 S 型学员，内训师需要：

（1）构建相对轻松的学习环境。

（2）设计富有人情味的课程内容，加入感人至深的案例和故事。

（3）语速不要太快，以免对他们造成压迫感。

（4）研讨时，优先邀请他们发言，请他们阐述经验和观点。

（5）不要在公开场合批评他们，对他们要有耐心。

（6）尽量少地设计竞争性的活动。

对待 C 型学员，内训师需要：

（1）提供准确的数据。

（2）提供清晰的表格，传递的内容有理有据、逻辑性强。

（3）提供清晰、明确的课程目标和活动说明。

（4）小组讨论时，提供清晰的小组讨论指南。

（5）合理分配课程内容和时间，准时完成教学任务，不拖沓。

作为母亲，对于孩子，我需要全身心、无条件地接纳他们，接受他们的特质。我希望每个孩子都能在充满爱与安全感的家庭中长大，发挥他们的优势。

如今，我的儿子糖葫芦也已经九个月大了，一些他玩腻了的玩具，他看都不看一眼，别的宝宝一上车就睡觉，而他则瞪着大眼、东张西望。看样子，他和他姐姐一样，也是 I 型人格，而我，也将在与 I 型人格的孩子斗智斗勇的路上继续前行。

作为一个企业人力资源管理者和培训讲师，我需要针对不同类型的员工和学员采取不同的策略，让他们都找到适合自己的工作和学习方式。只有这样，团队才能够迸发出最大的力量，每一个团队成员才能够从中获益，我在工作中也才能够事半功倍。

人际关系必修课

跟着一群人走，才不会掉队

■ 颜梅

职业培训师
全国"我是好讲师"大赛最佳课程设计奖获得者
商业教练认证讲师

今年是我做职业培训师的第 10 年，在不同的课堂上，总会遇到学员问我，为什么放弃世界 500 强国企的稳定工作，做一名职业培训师。我会微笑着回答："因为爱！"我是真的很爱培训师这个职业，这是一份通过帮助他人去学习，使其变得更有信心的事业。每当看到我的学员因为我的咨询或辅导，取得小小的成功和进步时，我会比他们更激动，更有成就感。静下心来，我也会认真思考这个问题，我为什么要做一名职业培训师？一路走过来，感悟还挺多的。

作为一名职业培训师，我每天都在拼命学习。在信息高速发展的今天，人们的注意力很容易被网上的各种信息吸引，大脑神经元每天都被各种信息刺激和改变着。学员们知道的，我们需要知道；学员不知道的，我们也需要了解，这样才能和学员有共鸣。过去人们总说，如果要给别人一杯水，我们要准备一桶水，我的体会是，准备一桶水已经远远不够了！

10 年的咨询培训生涯让我逐渐发现，**在咨询培训行业，从来没有一模一样的客户需求，每个客户的需求都是不一样的，每家企业需要改善的现状也是不一样的。**有的企业，需要培训师协助改变员工能力参差不齐的现状，从而达到企业要求的能力水平；有的企业，需要培训师协助内部的讲师学会课程设计与开发，并训练内训师把开发的课程讲授出来，更快地传播优秀经验；有的企业，需要持续改善管理团队的信任与协作关系，培训师能够传授教练式的管理方法，帮助管理者把管理落到实处，帮助管理团队达成共识。

作为职业培训师，上周我可能遇到一位国有企业的客户，需要手把手教他萃取营销服务专家的经典案例，总结营销岗位的高手成功销售步骤，将方法、流程、话术等内容融入情境剧本，最终用 5 分钟小微课的方式在该企业内部传播；而这周我可能遇到的客户，则需要我帮他把企业现有的渠道服务标准，开发成一套培训教材，解决一线员工在生产现场遭遇的困扰。因此，对于职业培训师来说，掌握更多专业方法远比专业内容有价值，熟悉一个领域的内容还不如熟悉许多领域都能运用的方法，更好地支撑和服务客户。

职业培训师是一个通过帮助他人让自己不断增值的职业。 在为企业提供培训的过程中，我会经常会深入客户的生产现场，与他们共同探询业务中的难点，商讨解决办法，找出好的方法加以推广。2023年2月，在给通信行业的一个客户做店铺销售服务辅导时，遇到了让我印象深刻的一件事。

这家店铺以销售通信产品为主，团队共有5个人，1名店长，4名员工。2023年1月，正值春节前期，也是销售旺季，但整个店只卖出了2台5G智能手机，店长和店员都不满意这个销售结果，上级提出了更高的业务要求，该店当月销量必须尽快提升。于是他们开始找原因，想点子，实施新方法。我进店辅导是在2023年2月21号，店长告诉我，团队最骄傲的事是2月店内5G智能手机销量提升明显，从元月仅售2台增长到87台，他们都很开心。这个变化也引起了我的兴趣，很想知道他们到底做对了什么。通过现场观察，与店长、店员访谈交流，我发现这个团队真的做对了不一样的动作。

过去店员只在营业台席办业务，摆放5G智能手机的销售柜台距离营业台席2米多远，也没有专人看管，只在客户有需要时，业务不忙的店员才会走出来接待买手机的客户。这个店基本是靠碰运气在卖手机。

2月，店长主动印制了一些购机补贴优惠卡，放置在营业台席上，卡片上标明了活动范围和内容（只要购5G智能手机，就能享受不同程度的优惠活动），又将之前摆放在2米开外的手机产品放到了营业台席上，优惠券和手机产品都在营业员手边，拿起来非常方便。店员在办理业务时，可以做简单的需求询问，查询客户的过往消费情况，根据客户的消费情况，针对性向目标客户推荐优惠活动，对于有需求的客户，办理成功就当场赠送 5G 智能手机，客户开心地离开；对于推荐不成功的客户，就递上购机补贴优惠卡，请客户带回家，有需要了再联系店员，由于优惠活动力度大，当场没能购买产品的客户，回家和家人商量后，几天后又回头来买了手机。于是，整个团队的销量就发生了明显的变化。

达成了业务目标，一定是这个团队做对了什么，多做了不一样的动作，这些能快速拿到结果的方法，是否可复制，能否在其他小团队中普及推广呢？于是我和店长一起，将这次提升销量的做法提炼成三个步骤：一问查、二推荐、三递送。我称之为**"三步法"**。

一问查：店员在办理业务时，设计有步骤的话术进行需求询问，经客户授权后，查询客户的过往消费结构，精准定位目标客户，为主动推荐打下基础。

二推荐：运用标准化的话术，有针对性地向目标客户推荐优惠活动，店员每多说一次，成功的概率就会提升一点。

三递送：对于推荐成功的客户，递上产品，热情地送出门外；推荐不成功的客户，递上优惠卡，请客户带回家，有需要了再联系店员，为二次销售做铺垫，增加了销售"触点"。

"三步法"取得一些成效后，很快得到了公司的认可。在上级的支持下，2023 年 3 月又在公司更多的小团队内开始推广，大家都拿到了一些结果。

每次和学员并肩工作的过程，也是我们相伴成长的过程。我始终觉得，培训的本质是为绩效做支撑，一切有助于绩效改善的管理创新行为，都值得学习、借鉴和推广。当我深入到生产现场，观察学员的行为，倾听学员的声音，他们总会告诉我什么是对的、什么是错的，什么是好的、什么是不好的，我找到了答案，收获了方法，这不就是教学相长的过程吗？深度的参与和积累，也成了我做教学工作最重要的知识来源。知识经过萃取和共享，成为企业管理团队指导实践的方法论。

细细想来，作为职业培训师，我大部分的知识除了来自广泛阅读、课堂学习之外，就是来自每一次带教陪跑的现场辅导、教学授课，来自帮助学员架起桥梁互相交流、解决问题的过程。我一次次把所学习到的经验，带到下一个项目中去，而在下一个项目中，我又会有新的所学所得。如此反复，日积月累，聚沙成塔。

每总结一次，人生就会多一次机会。在阶段性的工作结束后，及时的复盘总结很重要。几年下来，我不仅养成了复盘的工作习惯，还写了110万字的工作复盘笔记，比如，在这次项目交付中，我和团队做得好的地方有哪些，不足的地方有哪些，我们从中学到了什么，如果下次有类似的情况，我们会多做什么，少做什么？通过一次次复盘，作为培训师，我有时也会产生一些新的困惑，比如我所遇到的销售成功案例中，为什么"三步法"能有如此大的效用？为什么它能够快速复制？为什么它能够得到业务部门的认同并愿意在内部推广？这个提炼过程是怎么样的？有什么原理支持吗？方法论是什么？底层逻辑又是什么？当我都回答不上来时，就说明我需要更深入的学习了。因此，每过一个阶段，我会放下工作，走进课堂学习，向专家寻求答案。为此，2023年还报名了周涛博士的"E. R. M. P：专家经验萃取"认证课程，接受更系统化的培训。

周涛博士是我在 2018 年学习 DISC＋社群包班课程时认识的，当年曾向他学习过"四元八步脑友好型课程设计"，成为授证课程设计师，受益很多。DISC＋社群是改变我人生轨迹的社群，我与社群联合创始人海峰老师相识于 2013 年全国"我是好讲师"大赛。那一年，我们同时参与当年培训界的盛会"我是好讲师"大赛，共同入围了全国 30 强。得知海峰老师深度研究 DISC 近 20 年，是性格分析的标杆人物，我非常想跟他学习，但由于工作原因，错失了第一期、第二期的讲师认证班。终于在 2015 年 3 月，也就是我做职业讲师的第二年，我正式成为海峰老师"知己解彼的 DISC 沟通技术"双证班 F3 期学员。

海峰老师是我生命中的一位贵人，加入 DISC＋社群九年来，海峰老师给我的印象是，他总会站在我的角度为我考虑，在我需要的时候为我助力。每次遇到海峰老师，他无论再忙，总会慷慨大方且耐心地把时间留给他的学员，他会主动给我的职业发展提建议，一路上给予了我非常多帮助和支持，他一路把温暖传递给他遇到的每一个人，他教会了我如何成为别人的贵人。**在他身上，我感受到了榜样的力量，他就像灯塔一样给予我指引。**

我很庆幸加入了这个社群，因为跟着一群人走，我才不会掉队！海峰老师的阅历丰富，他有一种与生俱来的能力，总能用独到的眼光筛选出适合社群成员学习成长的优秀讲师和优质课程。9 年来，在海峰老师和 DISC＋社群的影响下，我积极参与社群组织的各类包班学习，先后参加了 Paul Jeong 博士的"商业教练"课程学习，获得了认证证书，获得了 Grape Peoplp 导师的"引导式领导力"引导师资质证书，参与了"打造爆款线上训练营"专业课程学习。一路的学习和精进，令我的专业能力不断提升，我也从企业内训师很快成功转型为职业培训师,赢得了市场,收获了自己的客户群体。和许多小伙伴一样,我成了这个社群受益最大的成员之一,我对未来充满了信心。

感谢 DISC+社群,感谢生命中遇到的每一位导师,借用海峰老师的话,"过去我们是谁不重要,重要的是,未来我们可以成为谁"。

社会工作赋予我们很多角色,但身份只有一个。我会有意识地去调整,我也要做海峰老师那样的传灯人,把光明和温暖带给更多的人,用生命影响生命。

把光明和温暖带给更多的人,用生命影响生命。

人际关系必修课

勇于突破，终身成长，探索人生的无限可能

■ 杨靖

帆书认证翻转师
个人效能管理教练
终身学习践行者

抱持信念，跨越焦虑

作为一名国企员工，我干着看似稳定、有保障的工作，时不时面临的一些挑战，被我视为工作中的调味剂。曾经我以为人生最好的选择和追求就是"一生做好一件事"，觉得这样挺好。

2022 年年底，随着 ChatGPT 的横空出世，人工智能的发展迈上新的台阶，令我看到未来有太多的不确定性。人工智能如此强大，它带来的高效率和智能化给职场带来了巨大的冲击。一部分工作岗位已被人工智能所替代，"还有多久会轮到我呢？"深深的担忧和焦虑始终萦绕心头。我非常害怕，害怕未来走入死胡同，害怕陷入被动，从此失去对自己人生的掌控。

面对即将到来的危机，唯有主动应对，方为破解之道。 在那个焦虑的时期，我看了尤瓦尔·赫拉利的《今日简史》，这本书为我找到了化解焦虑的突破口。尤瓦尔·赫拉利在书中指出，在未来的社会中，技术的快速发展和信息的爆炸式增长将成为常态。这意味着我们需要终身学习，要不断适应环境，掌握新的知识和技能。通过这本书，我意识到，学习是我唯一的突破口。

不管年龄几何，不管是处于少年、中年阶段，还是老年阶段，学习都能促使我们改变。 关于这一点，《刻意练习》让我深信不疑。即使是一位零基础的 70 多岁的古稀老人，仍然能通过刻意练习实现跆拳道黑带的目标。这个故事给了我很大的启发和信心，让我相信人的大脑和身体的可塑性是无限的。只要有强烈的意愿，再加上刻意练习，一切皆有可能。这成为我内心抱持的坚定信念。

只要有强烈的意愿，再加上刻意练习，一切皆有可能。

马不停蹄，找到真正热爱

"只有勇敢尝试，才能发现自己的潜力，实现人生的价值。"我尝试早起，用四个月时间，从以前的早上8点自然醒提早到4点30分前起床，并养成早起的习惯。"一日之计在于晨"，我用这段时间，持续学习精进；我参与各种线下线上学习，放弃一切休息，与时间赛跑。

"好选择来自好多选择。"是我在海峰老师线下分享会上听到的一句话，当时有一种被击中的感觉，仿佛触电一般。是的，**持续学习的意义就在于不断创造更多选择，让我有选择的权利**。通过大量广泛的学习，才能从众多选择中找到真正热爱。

努力成就幸运。在探索过程中，我有幸认识教练这个职业。一接触，我便对它产生了极大的兴趣。这个职业让我看到了人生的多种可能性。在我看来，教练有趣、利他，而且意义非凡。通过一场又一场的对话，帮助他人探寻自己内在的动力和潜能，给予陪伴、支持和赋能，从而帮助他人实现生活、工作的改善，这就是教练的意义。我感受到对话的力量，人与人之间形成的生命联结所产生的能量，仿佛可以击穿一切阻碍，帮助我们穿越层层迷雾，看到清晰的未来。这种感受令我心驰神往。

教练基于人本主义，遵循五大原则深深根植于我内心：人们本来的样子就很好，人们内在已经拥有实现目标所需的资源，人们总会在当下做出最好的选择，每个行为都有正面的动机，改变不可避免。我深信每个人都有着无尽的潜力和可能性。我希望持续精进教练技能，用我的知识和智慧，在人们迷茫和困惑时给予其陪伴、支持。生命中的每一次触碰，都是一种成长和进步。

"路漫漫其修远兮，吾将上下而求索。"从新手到成为优秀教练的路上，我将面临诸多挑战，但我坚信，只要不忘初心，保持定力，潜心修炼，行则将至。

向外伸展，持续探索人生意义

"有意义的人际关系和有意义的工作相互促进，共同组成有意义的人生"。除了找到有意义的工作之外，发展更有意义的人际关系，也是人生旅程中的必经之路。这对于原本性格内向的我而言，是一大挑战。然而，随着持续的学习，我从 DISC 行为风格理论中，看到了应对这一挑战的方法。

在人际关系中，最首要的是了解人。DISC 行为风格理论提供了一个简单清晰的识别模型，可帮助我们通过人的行为模式判断其性格特点。透过学习 DISC 行为风格理论，我意识到，每个人都有不同的行为倾向和特点，每个人都以不同的方式去看待世界和处理问题。这也提醒我，每个人都是独一无二的个体，有自己独特的需求和感受。越能理解和尊重他人的行为差异，就越能接纳他人，也就越能建立起更加健康和有意义的人际关系。

与越多的人接触，我越发感受到生命的丰富多样，以及人与人之间相互支持、相互陪伴的温暖。那是一种强大的生命力量，在我感到彷徨和困惑的时刻，支撑我坚定向前。

世界之大，唯"变"不变。瞬息万变的世界充满挑战，但我相信前路是光明且宽广的。在追求有意义的人生的道路上，我愿意面对挑战，持续学习，保持勇气，不断突破自我，做一个勇敢无畏的追光者、探索者，掌握人生主动权。

人际关系必修课

DISC 助你破解青春期困局

■ 於峰

DISC 性格色彩分析师
国家二级心理咨询师
宁波市家庭教育专家库成员

"於老师，早上好！小天在学校是什么样？在家里太嚣张了，目中无人，想干什么就干什么，想打谁就打谁，想骂谁就骂谁。这孩子天天无理取闹，不知道怎么办了！"

一大清早，我就接到一个家长的电话，一个在学校里比较乖的孩子，在家里怎么会这样呢？到底是什么让听话懂事的乖孩子变得这么难以琢磨、无法沟通呢？

其实这是孩子到了青春期所表现出来的叛逆。青春期的孩子常常有以下五种表现：

争吵冲突是家常便饭。你仿佛看到了一个陌生的孩子，对着你大吼大叫。

亲子沟通异常艰难。曾经与家长无话不谈的孩子，突然变得难以沟通，动不动就关上房门，同时也对父母关上了自己的心门。

借助网络找人交流。随着网络的发达，不愿与家长沟通的青春期孩子会选择通过网络，与微信好友、游戏密友，甚至遥远陌生城市的网友交流。

躺平厌学屡见不鲜。孩子沉迷于游戏，排斥学习生活，不做作业、上课睡觉。

自残自杀时常上演。青春期孩子成为做出自残自杀行为的高发人群。亲子冲突、学业问题、校园霸凌等原因导致的自残自杀时有发生。

我们经常说："亲子问题首先是父母问题。"家庭好比是复印机，孩子只是一个复印件，而父母亲往往是有问题的原件。

我们运用DISC行为风格理论，从父母的角度探讨一下是什么导致父母与青春期孩子的沟通如此困难。

按照 DISC 行为风格理论，每个人身上都有 D、I、S、C 4 种特质。只是在某些时刻，某些场合，某一种特质风格更加突出。这 4 种特质没有好坏、对错之分，父母要充分了解自己是哪种类型的家长。

1. D 型家长

（1）目标过高，导致失望

D 型家长自我要求比较高，注重目标，以结果为导向。他们相信一切皆有可能，所以向自己孩子提出过高的学习目标，一旦孩子无法实现时，他们就容易悲观失望。

例如《小欢喜》里面的宋倩，对女儿要求极高，必须考第一名，否则都是失败。当女儿考了第二名时，宋倩就发出"都只考第二名了，还有什么玩的理由"的灵魂考问。

（2）安排一切，不听意见

D 型家长早早为孩子规划好了未来，设计好了一切，因此在很多事情的安排和选择上，从来不听孩子的意见。他们只有一句话："按照我说的办，我做的都是为了你好。"当青春期的孩子开始有了自主意识，想决定自己的事情时，就会与 D 型家长产生冲突，多次在与父母的交锋中败下阵来，他们就三缄其口，封闭自己的内心，不愿与家长交流，严重的还会产生自闭等情况。

2. I 型家长

（1）喜怒无常，情绪严重

I 型家长对孩子比较疼爱，开心的时候，什么条件都能答应，但是心情不好的时候，脾气也会比较暴躁，打骂孩子的情况时有发生。

有个 I 型家长说，他女儿成绩好的时候，他心情很好，什么要求都能答应。有一次，女儿的英语成绩考了全班第一名，他把女儿带到玩具店，让女儿随便选择自己喜欢的玩具。有一次，因为家中多位长辈生病住院，他心情很差，但女儿只知道玩平板电脑不愿意做作业，多次提醒未果之后，他一把抢过平板电脑，朝着地面猛砸下去。瞬间，他与女儿间情感关系的裂痕仿佛平板电脑屏幕的道道裂痕一样深。

(2) 为了面子，牺牲孩子

I型家长希望得到他人的认可和赞扬，孩子的成绩常常成为他们与其他家长比较的地方。别人家里的那个孩子也常常成为他们在孩子面前提到的"激励"话题，可惜孩子无论怎么努力都无法改变现状，最后发展成只要父母一提到那个"学霸"，孩子心头就涌上一股无名火，冲突对抗由此产生。

3. S型家长

(1) 溺爱纵容，无法无天

S型家长常常有一颗平常心，对孩子要求不高，觉得应该让孩子自由生长，对孩子的一些错误常常比较包容，甚至达到了纵容的地步。

有个S型家长说自己的孩子每天晚上一回到家就打游戏，不但不做作业，还要母亲全程陪同，稍微说几句就拳打脚踢。母亲甚至动了想搬出去逃避孩子的念头。

(2) 缺乏主见，无力引导

S型家长本身缺乏主见，对任何事情都抱着随遇而安的态度，所以很难给青春期孩子正确的引导。

有位朋友在回顾他的成长时就说，他在选择专业的道路上都是靠他自己。当初他咨询母亲的意见时,母亲只是告诉他:"你的人生道路,你自己做主。"年轻时缺乏正确的引导,使他后来在面临人生抉择时常常变得非常迷茫。

4. C型家长

(1) 要求完美,不许犯错

C型家长自我要求严格,他们对待自己的孩子时,也会要求孩子事事做到完美,否则就会冷嘲热讽。

有位家长对于儿子的成绩非常关注,可惜儿子的数学成绩一直没法达到他的要求。父亲也知道孩子已经很努力了,但是他秉持"玉不琢不成器"的理念,继续对儿子的成绩提出过高的要求,采取的方式也是冷嘲热讽为主。终于有一次,儿子期末考试的成绩特别不理想,父亲不但没有安慰他,反而让他反省,最后导致儿子跳楼自杀的惨剧。

(2) 坚持原则,绝不退让

C型家长为人处事有原则,要求孩子必须按照他们的规矩办,没有一丝的妥协和让步。他们比较含蓄,平时缺乏与孩子的交流和沟通,亲子间缺乏亲情的传递和陪伴。小的时候,孩子还不懂反抗,当孩子处于青春期时,就常会与父母争吵。

面对青春期孩子的各种问题,不同类型的父母了解了自身性格存在的不足后,就可以进行有针对性的调整,在亲子教育中发挥某些特质的优势,与青春期孩子更好地沟通。

(1) 学习D特质的目标感

面对学习不努力的孩子时,家长可以和孩子一起学习D特质的目标感。

我们在工作坊中，常常玩扑克通天塔的游戏，我们建议亲子一起玩这个游戏。通过游戏，家长可以陪伴孩子一起调动 D 特质，让孩子感受到看似不能完成的任务，只要向着目标迎难而上，最终也能完成。不是你厉害了才开始，而是你开始了才变得厉害。人生最大的遗憾不是做不到而是我本来可以做到。青春期的孩子正是可以拼搏的时候，此时不努力，更待何时！

(2)学习 I 特质的积极性

面对不听话的孩子时，家长可以学习 I 特质的积极性和幽默感，推荐使用反转的技巧——用正向的方式解读孩子的行为。

例如孩子"不听话"的正向解读是孩子有主见。孩子通过表达自己的观念来捍卫自己的权利，来完成独立。没有哪一对父母希望孩子在未来不敢争取、不敢挑战、没有自信，也没有哪一对父母希望孩子在未来与他人的交往中只知道唯唯诺诺、俯首帖耳。所以，有时候父母在与孩子较量时，输也未必是坏事。

(3)培养 S 特质的同理心

对于坚持己见的孩子，家长可以培养 S 特质的同理心。

家长在与孩子的沟通时，要放下手机，放下成见，放下"一切以我为主"的执念，要站在孩子的角度换位思考。运用同理心，让孩子感受到家长是懂他的。对于青春期孩子而言，懂比爱更重要。

(4)学习 C 特质的逻辑性

对于学习困难的孩子，家长可以学习 C 特质的逻辑性，通过数字化的描述，不带批评色彩，使孩子更有安全感。

如果家长说孩子的书桌太乱，他会回答说："一点都不乱啊。"如果家长说："你的桌子上有三本故事书、五支笔、六个本子，你的书写面积就剩下一小块了,都没办法放下两只胳膊了。"这样的对话,数据清晰明了,孩子就不容易反驳了。

和孩子沟通时多使用数字化的描述,可以辅助孩子养成使用数据的习惯,同时对孩子的学习能力和逻辑思维能力的提升也有很好的辅助作用。

结束语

面对青春期孩子,家长一定要相信方法总比困难多。凡事必有四种解决方案,DISC行为风格理论可以帮助父母更好地了解自己、洞察青春期孩子,实现良好的亲子沟通。

面对青春期孩子，家长一定要相信方法总比困难多。

人际关系必修课

用1000份不重样的早餐，治愈自己和他人

■ 早餐小饼

1000份不重样早餐达人
带领千人实现早餐蜕变
3HIGH早餐理念创立者

我出生时就差点死掉，我特别相信"大难不死，必有后福"！**我天生就有一种使命感，要为社会做贡献、创造价值，做出一番事业。**

我是"90 后"，是 3HIGH 早餐学院创始人，凭借着高颜值、高营养、高效率的早餐深受无数妈妈的喜爱。我坚持做了 1000 份不重样的早餐，在 3 年的时间，培养了 3000 多名学员。

我想要改变中国人的早餐饮食结构，帮助 100 万个家庭吃上健康早餐。

大难不死，必有后福

1990 年，伴随着一声啼哭，我在浙江宁波呱呱落地。刚出生，我就被紧急送到手术室，手术整整进行了好几个小时，医生才将在我身体里的"炸弹"摘掉。

小时候的我，因为做了手术不好看，有人对我父亲说："这么丑的娃娃，不要了，再生一个吧！"我父亲坚决不同意，反而百般疼爱我。

我是独生女，并没有经历青春叛逆期，一直"乖乖的"，从小和父母的关系特别好。

大学毕业时，我成功申请去英国攻读硕士研究生学位，同时也获得了一家世界 500 强的金融机构的工作。举棋不定时，我的母亲劝我道："出国读研，最后还是要到银行上班，不如直接工作。"我听从母亲的建议，最终决定放弃了读研的机会。

我家的经济条件相对好，我从小衣食无忧。然而，我从小就身体虚弱，属于那种容易生病的孩子。每当流感季节来临，如果班上有人感冒，我总是第一个"倒下"的，因为我的免疫系统相对脆弱。我曾患有胃炎，身材一度偏瘦，是医院的常客。上学时，很多同学都熬夜学习，但我从未尝试过，因为我的身体承受不了。

与大多数同龄人不同，我很早就开始关注养生和健康，我渴望拥有健康的身体。因为我知道如果不经历那次大手术，我可能早就离世了，我幸运地捡回了一条命，所以我觉得我来到这个世界，就是要帮助别人，尤其是那些需要关注健康和幸福的人。

炒股亏了，我坚持 90 天早餐打卡

2013 年，我开始参加工作，我在世界 500 强之一的金融机构上班，过着"996"的生活。

后来，我和丈夫结婚，双方父母给我们买了一套 200 多平方米的房子。当时，装修房子要花 80 万元到 100 万元。我暗下决心，要自己赚钱来装修房子，我开始炒股、买外汇，想赚快钱。

我每天都忙着看大盘，晚上睡不好觉，梦见的都是股票涨跌，我的心态也跟随着大盘起伏。

最后，我亏了一大笔钱，身心俱疲。我才意识到，自己并不适合投机，亏了钱，还把身体搞坏了。

我彻底放弃炒股，调养身体，静心学习。我报名学习时间管理，有一项任务，要求学员做一件事情坚持 90 天打卡。

不喜欢运动的我决定坚持 90 天做不重样的早餐。我想通过做早餐，合理搭配营养来养生。

就这样，2018 年 1 月 9 日，我开启了自己的早餐之路，每天坚持发朋友圈。谁知道，我因此发现了自己的兴趣和天赋。

那时我对厨艺一无所知，以前都是母亲做饭。从那天开始，我每

天早上乐滋滋地在厨房里捣鼓，我还专门买了三本教做早餐的书，跑到各大视频网站学习，研究做早餐。我发现自己做早餐很有天赋，基本上所有的食谱，我做一次就成功了。在做早餐中，我感受到了乐趣。

从小学绘画的我，特别喜欢美好的事物。我还专门买了很多餐具用来摆盘，拍美美的照片。每天吃自己做的早餐，让我身心愉悦。

意外流产，早餐成了我的"娃"

我做早餐的水平进步神速，慢慢地成为早餐高手。但一个意外的打击，令我陷入人生至暗时刻——怀孕 4 个月的我，意外流产了。

2019 年 1 月，我到医院产检，被告知 4 个月的宝宝没有了心跳。这犹如晴天霹雳，让我痛不欲生。突然间，我的世界失去了色彩。我患上了轻度抑郁，特别痛苦，好几个月没做早餐。我把自己封闭起来，不愿意和任何人交流。很长一段时间，只要听到"宝宝"两个字，我就会流泪。

这时，我的父母提议，让我做些自己喜欢的事情。他们说："你不是喜欢做早餐吗？"但是，我已经有半年没做了，我还能行吗？我能像以前一样做吗？我犹豫不决。

朋友的鼓励、父母的支持，丈夫专门给我买来相机，满满的爱，让我大胆地重新开始，并且慢慢地治愈了自己。

> 那一天，我给自己立下目标，要做 1000 份不重样的早餐。

我不会营养搭配，我就考健康管理师的证书。我发现自己拍的图片不好看，就专门去学了美食摄影。后来，我还成为图虫网认证的摄影作者。在我看来，真正的幸福在于制作的过程，即使是做简单的炒饭，我也会在各个平台上寻找不同的食谱，自己琢磨有趣和新颖的做法，比如，把炒饭变成饭团，把鸡蛋卷起来……每次做早餐，都像是一个新的创意的诞生。在我看来，厨房里幸福地制作食物的场景非常有趣，我的幸福深深地感染了我自己。这就是早餐给予我的治愈和力量，它让我重新找回了生活的色彩。

坚持每天朋友圈打卡的我，获得很多人点赞。渐渐地，越来越多人向我请教早餐的问题。"孩子的早餐怎么搭配更营养？""能不能教我做这个早餐？""你的早餐照片怎么拍得这么好看？"我完全没有想到，最初只给自己做早餐的我，会成为学员们口中亲切的"小饼老师"。

清晨 4 点，我教学员做幸福早餐

2019 年 6 月，我开办了第一期早餐训练营，30 天只收 29.9 元。那时的我，只是抱着玩的心态，分享一些知识给大家，海报上写着"用一杯咖啡的钱来学做营养早餐"，我想着能吸引 20 人报名就可以了。

令我意外的是，那一天不停有人给我转钱，一下子有 80 多人报名参加。当时，我连课程都没有准备，但我被这么多信任我的人感动了。

于是，清晨 4 点，我就爬起来写食谱，认真教学员做早餐。

那时，我对学员们有求必应，学员想学做吐司，我就一周不重样地教吐司做法；学员想拍美食照片，我就教大家如何拍照。

最初的训练营，让我特别累。我每天要上班，利用业余时间教学员做早餐。我很认真负责，想要照顾每一位学员的需要。

在列食谱时，我很紧张，我不知道学员的孩子、家人的喜好。我不仅研究食谱，我还会关注每一位学员的反馈，询问合不合口味等。

每做完一期早餐训练营，我都想放弃，因为太累了。

这就是早餐给予我的治愈和力量,它让我重新找回了生活的色彩。

但是，支撑我坚持下去的动力，是我帮助很多妈妈解决了早餐问题，学员们的身心获得改变。曾经有一位学员，产后抑郁，她跟随我做早餐疗愈了自己。

当我看到学员晒美美的早餐照片时，也会心生欢喜。"我的抑郁有一部分也是早餐治愈的。"我的学员说，我从早餐图片中，看到一种能量，仿佛闻到了一种幸福和快乐的味道。

我的早餐，传递着幸福。

不怕"通牒"，我要坚持早餐事业

"要么选早餐，要么选我。"就在我沉浸于自己的早餐事业时，丈夫给我下了"最后通牒"。家人虽然支持我，却并不想我花时间教做早餐。我身边的朋友也不支持，他们认为，教做早餐没有商业模式，根本不赚钱，还要花大量时间和精力。就在大家都反对时，我却坚信自己可以做成功，这缘于我高中的一段经历。高一时，我的数学特别差。当时，我们班就两个数学不及格的，其中一个就是我。作为数学"学渣"的我，也曾经创造过奇迹。

我整整坚持做了两年错题集，在高三时仿佛被"打通任督二脉"，我的数学成绩突飞猛进，连老师都怀疑我是不是作弊了。后来，数学从我的弱项科目变成强项科目，这给了我很大的信心。

那一年，18岁的我意识到一件事情：只要我想做到，就一定行！

最初，每一期早餐训练营招生时，我都因为没有流量而头疼。于是，我抓住每个分享的机会，跑去小学、社区、电台，还有各种付费社群做分享。我每天都为招生而努力，给自己制订"保二争三"的目标，每天找人聊天，推荐早餐营。2020年，我做了80多场分享会，我想要把健康带去更多的家庭，帮助更多的人。

在众人眼里，我口才很好，毫不怯场，但谁都不知道，曾经的我特别内向，小时候甚至有点口吃，从来不敢举手发言。为了心中的热爱，我逼迫自己加速成长。

天赋使命，我要帮助 100 万个家庭

如今，我已经坚持做了 1000 份不重样的早餐，我的早餐训练营也已经开办了 20 多期，影响 1000 多名学员吃上了高营养、高颜值、高效率的 3HIGH 早餐。

在帮助他人的过程中，2020 年上海市委书记在上海调研早餐工程的一则新闻激励了我，让我坚定了每天坚持做早餐的信念。早餐不仅关乎个人的生活，还反映了一个城市的温度。这段新闻深深打动了我，成为我前进的力量源泉。

3HIGH 早餐，不是一夜之间出现的，承载着我三年的坚持和不懈的努力。通过实践和探索，我发现健康早餐对身体和心理的好处远远超出了想象，而且早餐的内容和形式也可以丰富多彩、充满创意。

我要改变中国人的早餐饮食结构，帮助 100 万个家庭吃上健康早餐，让人们的生活更幸福，让人们更有活力。未来，我会继续努力，不断创新，将 3HIGH 早餐推广到更多地方，让更多人受益。

我坚信，只要努力，只要坚持，只要有梦想，就一定能够成功。 早餐，不仅是一天的开始，更是希望的开始。无论遇到什么困难，只要我们勇敢迈出第一步，坚持不懈，就一定能够实现自己的梦想。

这就是我的故事，希望能给大家带来一些启发和勇气。让我们一起努力，创造更美好的未来！

人际关系必修课

点亮生命，活出影响

■ **詹欣圳**

引力计划主理人
高端商业 IP 顾问
美点子联合创始人

成为超级个体就是拍视频、吸引流量吗？一个年入百万元的 IP 需要百万名粉丝吗？

作为一名变现超过千万元的 IP 操盘手，我的答案是要成为一名有影响力的高客单 IP，粉丝量固然重要，强烈的愿心和给予的初心也很重要！

我叫詹欣圳，是一家名为"引力计划"的 IP 孵化公司的创始人。过去这些年，我一直在帮助 IP 通过短视频、直播等方法去打造他们的 IP 影响力、去传播他们的理念和知识。除了我本人的影响力不断扩大外，我还帮助他们拿到不错的商业结果，有些人已变现千万元。但这一路走过来，其实并不是一帆风顺的，我也迷茫过、怀疑过，甚至想过放弃。

从一个我操盘的 IP 讲起吧！这个 IP 是对我有很大影响的人生导师。他是一个非常有愿景的人生引路人，他已经影响了数万名学员。当初与这个老师合作，我是很兴奋、开心的！因为我觉得我可以通过互联网的力量，帮助这个导师去扩大他的影响力。我期待可以帮助他打磨一系列的线上课程，用不高的价格就可以帮助几万人甚至几百万人！要知道平时这个导师的线下课程报名费都是几万元，如果可以把 999 元的课程，甚至 9.9 元的课程卖给每一个老百姓，那我们就可以帮助到很多人。

愿望是美好的，现实却是残酷的。曾经的我认为流量为王，认为有流量才会有成交，结果不理想，肯定是流量还不够。所以在前几年帮这个导师操盘的过程中，我总以为我要做很多很便宜的课程，这样我才能支持更多人。我们团队花了很多时间去打磨了很多很好的课程，千方百计地找流量、找新的学员，但我们却忽略了那些信任我们、已经成交的学员，我们没有花更多时间和精力去支持他们，没有把这些深度信任我们的老学员转化为我们的铁杆粉丝。

尽管我们团队很努力，但整个项目的结果没有达到理想状态。我们越做越迷茫，甚至有段时间我一直怀疑自己能否支持我的这个导师拿到他想要的结果。我们真的要这样子做下去吗？这样子做下去真的会有结果吗？团队开会的时候，每个人都在争吵，吵到没办法开会，就又都沉默不语，不知道如何应对！每个人都有坏情绪，每个人都自我怀疑，却不知道该怎么办！

后来，我遇见了肖厂长，进了恒星私董会，遇见了很多优秀的老师、IP操盘手。在跟大家学习之后，我才慢慢理解商业的本质。与其去服务那么多的用户，倒不如沉下心来，踏踏实实地服务好那些相信我们的人，去好好地帮助这些人。也在恒星私董会里的王一九老师，他经常说："近悦远来！"我们总是想着那些遥不可及的人，却忘了去支持那些相信我们的人、那些需要我们支持的人。当我们好好地支持、服务身边的人时，就会吸引远处的朋友、用户到来。

于是我们调整思路、扭转思维，我们不再打磨很多的产品，而是更专心地打磨一款产品。我们不再专注于低价的产品，而是开发了高客单的产品，我们花更多的时间和精力服务、支持好那些相信我们、愿意跟随我们的朋友。相应地，我们把整个项目的客单价从几百元、几千元提高到了上万元，我们的营收比以前高了好几倍。**我们不再去追求流量和粉丝，而是扎扎实实地去服务、支持每个具体的用户。**

当我们聚焦每个用户，而不是一味追求数字、追求流量，我们的心反而踏实了，因为我们找回了那颗初心，好好地支持每个来到我们身边的生命！

过去一年，我们团队还帮助很多其他 IP 打造他们的影响力。他们都有一些共同点，那就是他们都有一个愿景和初心，期待用自己的当我们好好地支持、服务身边的人时,就会吸引远处的朋友、用户到来。

产品或者故事去帮助、影响更多人!

我们跟一个特种旅行社共同打造了一个特种旅游计划,他们的创始人有一个愿景,他期待带着更多人去戈壁、荒野,去体验自然的力量,去体验世界的美丽,从而探索世界!我们帮一个健身博主打造了IP故事片,他的愿景就是借由他自己首创的筋膜砖,帮助更多的人解决肩颈问题,养成健康的习惯!我们合作的形象设计师IP,她期待可以通过她的专业能力,让更多的女性可以活得漂亮、活得美丽!我的人生导师,他坚守自己的承诺,三十年如一日,一直践行着用生命影响生命,他的愿景就是盖一座心灵大楼!

这些IP的愿景感染了我,我愿意支持他们实现他们的梦想!看到每个IP都在影响着身边的人,我更加有动力了!

这些年的IP操盘经验告诉我,流量不是唯一的出路!对于有影响力的IP而言,好好支持、服务身边的人更重要,拥有一群忠实的粉丝更有价值!

从我服务过的那些IP身上,我更加深刻地感受到,所谓打造IP的过程其实就是活出自己、扩大影响力的过程。IP通过活出自己,不断感染、影响身边人。IP真正的影响力,从来不是粉丝量!影响了多少人的生命,触动了多少人的灵魂,那才是一个IP真正的影响力!

所以,每当我看到那些很有才华、很有愿景的朋友明明很努力,却拿不到相应的结果,我就会和他们一样沮丧。因为我知道,他们本该创造更好的结果,但他们没有用对方法!这也是我为什么创立公司。我的目的就是帮助那些有愿景、有初心、有梦想的人扩大影响力,去支持他们帮助更多的人!

我相信,每个人就像天上的恒星,每个人都拥有独属于自己的影响力,请你在有限的生命里发光发亮!

人际关系必修课

从过去到未来：认知、资源配置、修炼

■ 张凯

青岛新创投研习院联合创始人
共享书院之青禾书院院长
青岛温青禾网络信息技术有限公司总经理

认知的重要性

电影《教父》的一句话深深影响了我:"花半秒钟就看透事物本质的人,和花一辈子都看不清事物本质的人,命运注定是截然不同的。"这些年,我们一直在强调认知的重要性。人的思维对外部信息进行筛选和辨别,以免受到不良信息的侵害,避免受到错误引导。然而,过于坚守某种思维模式可能导致我们思维固化,这就像头盔虽然可以保护头部,但如果戴得太紧或太久,就会限制头部的自由活动。因此,**我们需要时刻审视自己的思维模式,确保它不会禁锢我们的认知,限制我们接受新观念和新知识。**

视野是认知的关键元素,它代表了我们看待世界的方式。还是拿头盔来打比方,如果头盔戴得太紧,可能会限制视野,让我们只看到狭隘的一面;如果头盔过于宽松,那就无法起到保护作用。因此,我们需要一个合适的头盔,在保护头部的同时,也拥有良好的视野,以便更全面地观察世界。

如何突破自己的认知?**世界上最大的监狱是人的认知,如果走不出自己的认知,即使你没有被抓,到哪里都还是囚徒。**只要能获得更高维度的认知,那么解决低层次的问题将会很容易。事实上,打破认知只是开始,将认知、言行保持一致才是重点。许多人失去目标和动力,正是因为执行力跟不上他们的想象力。识局、破局固然重要,但是更重要的是谋局、布局、躬身入局,做这个局中的一个小齿轮,而谋局和布局的高度决定了齿轮转动起来后,你到底是玩具赛车还是宇宙飞船的一部分。

只要能获得更高维度的认知，那么解决低层次的问题将会很容易。

做好资源配置

做生意的本质是进行资源配置,我们如何做好资源的配置呢?

比较过去和现在,我们可以发现人们的观念和目标在不断变化。过去,我们注重结果和执行效果,以追逐财富为目标,充满了攀比、斗争和对抗;现在,我们的目标变成了激活人性的善、激发团队的活力。创业之事,不成者十之八九,八九不成之事,多在人为。从兄弟们给我冲,到兄弟们跟我冲,让懂的人更能冲,让能冲的人学会懂。你会发现,人也是资源。

一个公司的老板在关注管理之前,应该先关注战略,学会做减法,只选择能够带来高回报的项目,避免分散注意力和资源。战略应该是所有企业的必需品,而并非大企业专有的奢侈品。

顶尖的公司通常采用一种打法,无限复制,所以不需要太多的人才;相反,较差的公司采用多种不同的打法,因而需要大量的人才,这通常是由于公司战略太分散导致的。以京东自营为例,它通过前台、后台等实现业务扩张,这些不需要复杂的管理。

对事情的判断能力和团队组建能力是创始人的核心能力,少了这两点,即使再优秀的管理也无法成功。管理的本质是充分发挥人才的能力。

以上所有的能力都可以总结为资源配置的能力。

走在修炼的路上

卡耐基说:"一个人的成功,15%靠专业知识,85%靠人际关系和处世技巧。"人际关系和处世技巧需要不断地修炼。

在修炼的过程中，以结果为导向能让我们成长得更快，即用成长的感觉替代成果的获得，单纯享受学习的快感。每天高兴于今天又学到了什么知识，这是深度学习者最容易掉进的误区，真正的修炼者看重的是成长的感觉。

在修炼的过程中，不仅要听，还要看；不仅要看，还要做；不仅要做，还要讲；不仅要讲，还要教。 如果教的是假大空的理论，那是不行的，还需要有落地的方法。理论加方法，思路加实践，才能日益精进。

修炼到看到全景，修炼到看到大势，顺势而为，才会事半功倍。

如果你也在修炼的这条路上，欢迎和我一起聊聊认知，突破自己的思维边界。

人际关系必修课

在通往财务自由的路上寻找生命的意义

■ 张程峰

环球包租公
被动收入教练
旧房改造狂热爱好者

2003年"富爸爸穷爸爸"系列书籍的中文简体版在中国上市，我立刻买来全套书籍反复学习，记笔记，但是并没有读懂里面真正的内涵，只记住了一个词组：财务自由。

我毕业的时候做过一段时间直销，当时做直销，主要是被一句话吸引：直销给我们带来的境界是自由自在的生活。这句话一直深深地印在我的脑海里。

2020年，父亲重病在床，我不得不离开职场。和弟弟一起照顾病重的父亲的时候，我就开始拼命地思考一个问题：如何获得被动收入、不工作也有收入，实现财务自由？

2020—2023年，通过三年的努力，我在房产投资和知识付费领域取得了一点点成绩，但是我觉得自己的生活并不如意。接触了DISC行为风格理论后，我认识到，要想把事情做成，还需要处理好人际关系。这样做起事情来才能事半功倍。

人生如果用一个词来概括，那就是寻找。人生就是一个不断寻找的过程，我也在通往财务自由的路上，了解自己、认识自己，寻找生命的意义。

写这篇文章的缘起是学完DISC行为风格理论的课程后，我突然对成功的人生，以及对人际关系有了更多的理解。

从2001年上大学到2024年，这么长的时间，我一直在通过各种学习试图更深入地了解自己，发现自己的特长、天赋，并使用自己的特长、天赋来为这个社会创造价值。

43年的人生经历让我深刻认识到，只有更了解自己、了解这个社会，才能实现自己想要的财务自由，过自由自在的生活。

24年来，我经历了13家公司，有过4段创业的经历。通过对24年人生的思考、总结，我最后得到了两个结论：

只有更了解自己、了解这个社会，才能实现自己想要的财务自由，过自由自在的生活。

（1）认识自己非常重要。我有什么天赋？我有什么个性？我有什么行为特征，形成原因是什么？我擅长干什么、不擅长干什么？我喜欢什么？这些问题可以作为认识自己的参考。

（2）跟对人比做对事更重要，好的老师、榜样是成功的关键。

我把24年分成探索世界、野蛮生长、认识自己3个阶段。

在第一个阶段，我对世界充满好奇，充满激情，认为未来有无限的可能，做事也有无限的激情。但是我缺少名师指点，缺少一个好的榜样，没有智慧，没有抓住事物的本质和核心，非常努力却选错了方向，白白浪费了自己的大好青春。

我在大学学的是艺术设计，这个专业是我自己选的。选这个专业的原因是：第一，我自己通过大量社会实践，对这个行业的就业形势发展有一定的认知；第二，我的文化课分数没有优势，而且家人也比较支持，对我的未来有美好的期待。上大学时，我非常努力地学习，专业成绩很不错，但是毕业后我没有从事艺术设计工作。这是因为我没有遇到一个在这个行业做得非常出色的老板，我没有找到榜样。

后来，我遇到了直销，看到了那么多所谓的成功人士，又缺乏判断能力、对世界的运行规律不了解，所以盲目跟风，一头扎进这个行业。我运气不佳，更没有遇到一个适合自己的好老师，所以我没有赚到钱。

在第二阶段，我有了一定的社会阅历，知道了城市的重要性，从石家庄来到了北京，开始了"北漂"生活，追逐更大的梦想。我知道积累的重要性，所以选择从事自己已经有一定经验的工作。我从网络营销、电商培训开始做起，最后从事电商品牌操盘工作。经过几年的努力，我也取得了一些成绩，娶妻生子并在北京买了人生中的第一套房。

在第三阶段，我开始真正意义上的深入了解自己，了解他人。

2020 年，父亲病重，我的工作和生活都陷入了非常糟糕的状态。莫名的压力和焦躁，让我有种窒息的感觉。

生活上的变故，对我的打击很大，这件事情也让我察觉到自己面对无常的时候，缺少接纳和勇气。由于生命能量比较低，自身的惰性也被激发出来，我的状态很差。

人生陷入低谷时，我开始进行深入的思考，我思考我是谁？活着为什么？如何活得自由自在？

我花了 7 年的时间跟随济群法师学习，试图来解开这些谜题，但是还是没有找到确定的、清晰的答案。所以，最近这两年我又尝试通过皮纹先天智能优势测评、DISC 测评、TPA 口味性格测试等各种方法来解读自己。

每个人都是天使，都应该活得幸福，但是为什么 80％的人活得并不幸福。这是因为他们没有找到自己的天赋并进行长期的训练。让自己的天赋有发挥的空间，这需要一个好老师 24 小时指导。这让我想起看过的很多电影中的那些拜师学艺的故事，师父如父母，跟随师父学习，一般想要学有所成，最短也要十年的时间。有人说："十年是不是太久了？"但是我 24 年的人生经历告诉我，十年磨一剑的说法不是没有根据的。只有十年如一日地努力，有朝一日出师，才能练就一身惊天动地的本领。

很多成功人士的经历告诉我，我们每一个人的第一个老板、第一个上司非常重要。他的能力决定了我们能力的"天花板"。这第一个老板也可以理解为自己人生中最重要的老师。洛克菲勒就曾经连续六周，每天面试 12 个小时以上，就是为了寻找自己理想的导师。

"选择大于努力"，年龄越大，我对这句话的体会越来越深刻。

年轻的时候没有名师指点，不了解世界，不懂得如何选行业、选公司、选上司，觉得哪个流行、哪个是风口就选哪个。误打误撞进入了电商行业，但是一山望着一山高，很多事情，总是想去尝试。往往没有经过大量的调研和分析，就匆忙去做，结果就是浪费了大量的时间和金钱，尤其是热情。这严重地打击了我的积极性和持续深入的信心。

年轻的时候，我干劲十足，就是因为没有选对老师、没有找到好的方法，最后总是失败。

年龄大了，对一些事物想得比较明白了、清楚了，但是还没有找到确切的方向。

2020年父亲病重是我人生的一个转折点，在那个时候，我深入思考，我要如何摆脱手停口停的生活。因为需要照顾父亲，我没办法工作，但我必须解决收入问题。

通过做包租民宿房产买卖，我找到了一个我认为最有可能实现自由自在的生活的行业，帮我实现财务自由。

这三年内，我从对房产一窍不通，到通过不断实践，拿到结果，然后继续精进。

从我的各种天赋测评结果看，我动手能力非常强，逻辑思维能力非常强，我思维缜密、注重细节，目标感强。

在这三年的实践学习过程中，我有一次在北京跟一个同学为另外一个同学做民宿运营的梳理。那是一个下午，我们相约来到通州的一个咖啡厅，开始聊她最近的情况，如何做民宿，怎么做。大概聊了三个多小时，他在梳理的同时，我在旁边一边学习一边记笔记。沟通结束后当天晚上我就整理了一个思维导图发给我这个同学。这个同学收到以后非常惊讶。他对我说："桯峰，你知道吗？你有一个非常特别的天赋就是你的梳理能力很强，你的逻辑思维和结构性思维都很突出。"

我在平台做一对一家庭财富规划的时候，得到了更多的学员的正向反馈，我自己也非常受益，通过帮别人做规划，我看到了很多不一样的人生，我很喜欢这份工作。现在我的工作包括以下几个方面：

做长租，帮助很多房东解决令他们感到非常头疼的问题，帮助很多租客打造他们特别喜欢的家。

做民宿，接触不同的客人，提升跟人打交道的能力，同时优化民宿的运营方式。

我觉得这就是我一辈子要做的事业，我要通过自己的努力，实现财务自由。我还要帮助更多人实现财务自由，活得自由自在。感谢大家。

人际关系必修课

内心强大的信念，让我一路披荆斩棘

■ 张以航

梦想部落学习组织发起人
物联网产品营销专家

我非常欣赏的一句话是:"**人生是用来体验的,不是用来演绎完美的。**"以前,我一直无法准确定义自己的生活和工作状态,当看到这句话的时候,我一下子释然了。曾经我一直认为结果最重要,做任何事情都全力以赴,特别是在工作中强调以结果为导向,好像大家都是为结果而生,为结果而活。到了不惑的年纪,我反而开始学会接受不同的状态,体悟接到新任务的欣喜、完成任务的过程中的煎熬、收获成果的喜悦,以及任务告一段落后的失落。现在,我更关注为什么做?怎么做?做到什么程度?结果不尽如人意时,我将如何处理?我如何采用更好的方式,组织人力,设立规则,保证方向正确,过程严谨?

年少气盛,血气方刚时,只关注结果,并不会去想我在做这件事情时,自己是否方方面面都考虑了,是否有更多的收获?

罗曼·罗兰说:"世界上只有一种英雄主义,就是在认清真相之后,依然热爱生活。"我觉得如果选择坚持做一件有意义的事情,无论多么困难,都要坚持到底。比如选择一个公司,如果有机会,一定要跟公司的董事长或总经理见一面,听听他们的想法和思路,他们对于公司发展方向的规划。这些比谈工资要重要得多。更重要的是公司这个平台是否是你想要的,行业是否是你想去深耕的?因为在接下来的职业生涯中,任何事一旦与钱直接挂钩,就会变得比较痛苦,每次出差、每次加班,一旦遇到你认为不公平或者不合理的事情,你都会在自己心里反复论证:在这个公司拿这点钱,这么累,值不值?主管能力不行、公司架构不行等,这些都会不断消耗你的心力,让你很难穿越行业周期,最终可能无法享受到公司发展带来的红利。

如果一开始,你认定了行业,那么你的岗位就不会是固定的,从研发到市场到销售，各个不同的岗位你都可以尝试。这样你就更容易理解各个岗位的最根本的职责是什么，站在不同的维度，各个岗位的人员如何配合。你甚至可以在不同城市、不同国家之间切换，体验不同的工作环境。比如在深圳上班，你会体验快节奏的生活，在内地城市上班，生活节奏要慢得多。如果，你需要在国外工作，你不仅需要突破语言交流障碍，还需要与当地员工一起配合，这与你在国内工作是完全不一样的。

成年人的世界，只有选择，没有教育。在选择员工的时候，面对不合适的员工，是果断放弃，还是给予机会？我认为还是要给予他们一些成长的机会。不是每个公司都能找到合适的员工，也不是每个公司都能用高薪挖到最优秀的人。其实更多的时候，大部分的公司都在寻找合适的人。对于那些不能让人百分之百满意的员工，管理者应该如何处理？这比较考验管理者的能力，管理者要识对人、用好人，帮助每个员工发挥长处、融入集体，最大限度地提高团队作战的能力。

员工工作中出现问题，管理者应给予其成长的机会，比如提供培训；不要一棍子打死，更不要给员工贴上"不行"的标签。

外在的物质固然重要，但更重要的是内心的成长。追求更高的职位、追求更高的收入……追求的东西太多，只会让自己身心疲惫。其实一切源于那颗不满足的心。不妨问问自己的内心，我想要什么？能不能不要？

关注自己的内心，当你的内心开始变得平静和丰盈，你会发现整个世界都在变化。

任何事物都有积极的一面，也有消极的一面。当事物朝你想象的方向发展时，要积极把握机会，全力推进；遇到挫折，要积极改变现状，战胜挫折就能成就更好的自己。关注内心的平静和觉知，不要惧怕痛苦，学会与痛苦相处，你会发现痛苦没那么可怕，而且痛苦很快就会过去。

在事上练心，在心中做事。 积极主动地尽自己最大的努力做事，用心做事。只要心中有强大的信念，相信你能做好，能量和资源都会慢慢地汇集到你身边，在你需要的时候给予你帮助。

外在的物质固然重要，但更重要的是内心的成长。